Yolande Duran-Serrano
Laurence Vidal

DIE FRAU, DIE AN EINEM GANZ NORMALEN SOMMERTAG PLÖTZLICH KEINE GEDANKEN MEHR IM KOPF HATTE

ERFAHRUNG EINER ERLEUCHTUNG

Aus dem Französischen
von Jochen Lehner

W0378164

KNAUR
MENSSANA

Die französische Originalausgabe erschien 2010
unter dem Titel »Le Silence guérit« bei ALMORA.

Besuchen Sie uns im Internet:
www.mens-sana.de

FSC
www.fsc.org
MIX
Papier aus verantwortungsvollen Quellen
FSC® C083411

© 2010 Yolande Duran-Serrano/Laurence Vidal, ALMORA
Für die deutschsprachige Ausgabe:
© 2014 Knaur Verlag
Ein Unternehmen der Droemerschen Verlagsanstalt
Th. Knaur Nachf. GmbH & Co. KG, München
Alle Rechte vorbehalten. Das Werk darf – auch teilweise – nur mit
Genehmigung des Verlags wiedergegeben werden.
Umschlaggestaltung: ZERO Werbeagentur, München
Umschlagabbildung: mauritius images / Ikon Images / FinePic®, München
Satz: Adobe InDesign im Verlag
Druck und Bindung: CPI books GmbH, Leck
ISBN 978-3-426-65744-7

2 4 5 3 1

Dem Leben,
das für uns sorgt

INHALT

DIE VORGESCHICHTE

Es ging auf Ende Februar zu. Nach fünf Wintern in Quebec hatte mich zwei Monate zuvor ein Gemeinschaftsprojekt nach Europa zurückgeholt. Für die Hände und den Kopf gab es viel zu tun, aber das Herz war nicht so recht beteiligt. Das Projekt litt in der unzuträglichen Luft des Alten Kontinents unter akutem Luftmangel, und ich assistierte eigentlich nur noch bei seinen letzten Zuckungen. Dann rief ein lieber Freund an, ein Gefährte vieler Jahre, dessen Urteil ich zu schätzen gelernt habe:

»Was nimmst du für ein Interview?«

»Interview? Du weißt doch, dass ich solche Sachen an den Nagel gehängt habe.«

Schweigen.

»Na gut, es kommt aufs Thema an. Wovon die Rede sein soll, meine ich. Um wen handelt sich's denn?«

Zwei Wochen später, an einem dieser kristallinen Tage, die das Geheimnis der Berge sind, fuhr ich in Richtung Annecy. Ringsum wetteiferten Wolken und Gipfel vor dem Blau des Himmels um das weißeste Weiß. Ich war unterwegs zu Yolande. Yolande – für mich das Unermessliche.

Zuletzt waren wir uns in Quebec begegnet, und da war es kalt gewesen, richtig kalt, fünfundzwanzig Grad minus. Aber im Unterschied zu dem, was ich jetzt als europäische Winterstarre empfand, durchlebten wir in Kanada einen Wirbel von Schnee und Lachen und schnellem Gleiten. Aus einer Laune heraus schlossen wir uns den Mushers an, den Hundeschlittenführern, die in der Nähe meiner Hütte mit ihren Hunden lebten. Und was für eine wilde Fahrt das wurde in Schwaden von wirbelndem Schnee – laufen, lachen, träumen, frösteln,

und wir schoben mit und feuerten die Hunde an und kippten den Schlitten um.
Erst am Vorabend hatte ich Yolande kennengelernt und schon am Tag darauf fuhr sie nach Frankreich zurück – Frankreich, von wo ich geflohen war, um der drückenden Atmosphäre zu entkommen, die ein Abbild meiner inneren Verfassung war.
Von Zeit zu Zeit erfuhr ich Neuigkeiten durch diesen gemeinsamen Freund: Yolande sei unterwegs nach …, sei eben aus … angekommen. Einmal war sie daheim und schon am nächsten Tag folgte sie einer Einladung irgendwo nach Frankreich, dann nach Spanien. Und jetzt war sie nach Amerika eingeladen worden. Manchmal lebte sie wie eine Eremitin, dann wieder lieh sie ihre Wohnung einem obdachlosen Paar und machte sich auf, um die Alpen zu erkunden, oder sie flog nach Kalifornien, wo die Menschen begierig waren, mehr über das Erwachen zu erfahren, und schließlich tauchte sie wieder in Frankreich auf und stürzte sich in das hektische Getriebe eines savoyischen Restaurants.
Lachend, fröhlich, immer für Überraschungen gut und hinter allen bereitwillig geführten Gesprächen so still – Yolande war für mich der Inbegriff der Freiheit. Sie hatte, als ich sie kennenlernte, gerade ihren Sohn verloren, aber ihre Freude war nicht zu erschüttern. Ihr kurzer Besuch hinterließ eine ganz besondere Spur in mir, den Duft einer Präsenz, eines Wirbels von Licht und Milde – stark, einfach, dicht und von ansteckender Stille.

»Yolande ist bereit zu einem Gespräch«, hatte unser Freund mich zwei Wochen zuvor wissen lassen. Ich hätte es kurz davor noch nicht gewusst, aber das waren wohl die Worte, auf die ich seit Yolandes Besuch in Quebec bei allen meinen vielen kleinen Beschäftigungen gewartet hatte.
Es fühlte sich an, als wäre unser Schlittenabenteuer gerade erst

drei Tage her, so schnell fanden wir am Telefon in die gleiche Vertrautheit zurück. Freimütig wie immer bestätigte sie mir, was unser Freund gesagt hatte: dass sie anfangs keine Worte für das gefunden hatte, was da in ihr seinen Lauf nahm, aber inzwischen finde sie doch allmählich geeignete Ausdrücke. Ja, vielleicht sei sie jetzt so weit, über dieses schon fast fünf Jahre andauernde Abenteuer der Stille zu sprechen.
»Wir treffen uns einfach mal, ganz ohne bestimmtes Vorhaben«, vereinbarten wir. »Wenn es uns Spaß macht und Worte auftauchen, können wir es jederzeit zusammenschreiben und als Artikel im *3e millénaire*[1] erscheinen lassen.«

Nur, wie würden wir über das Unaussprechliche schreiben, das sich in der Stille zeigt? »Erwachen«, »Befreiung«, »Erleuchtung« – alle Worte waren von westlichen Suchern in ihrem wirren Erlösungsverlangen bis zur Inhaltslosigkeit überstrapaziert worden. Über Stille schreiben, wie sollte das gehen?
Dieser Stille also spürte ich nach, als ich an jenem Nachmittag unterwegs zu Yolande war. Von Präsenz erfüllt, so würde sie mir die Stille bald beschreiben. Eine leere Fülle oder erfüllte Leere. Ein Erschauern und Ergriffensein.

Fünf Jahre war es her, dass Yolande an einem Sommertag verschwand, erfasst von diesem Erschauern. Nach außen hin veränderte sich nichts. Da war immer noch eine junge Frau, die sich in ihrer Wohnung zu schaffen machte. Körper, Gestik, Wahrnehmung und Denken, alles funktioniert wie zuvor. Aber ihre Identität, die Identifikation mit diesem Körper, diesen Wahrnehmungen und Gedanken, war in Stille aufgegangen. Eine ungeheure, lebendige Stille war über sie gekommen.

1 In Frankreich erscheinende spirituelle Zeitschrift.

Wochen vergingen und Monate. Ihr Identitätsgefühl kehrte nicht zurück und selbst traumatische Ereignisse vermochten sie nicht aus der Stille zurückzuholen. An die Stelle ihrer Identität trat die wachsende Erkenntnis, dass zwischen ihr und der Welt, wie sie Moment für Moment erschien, nichts Trennendes mehr bestand. Yolande war verschwunden und es blieb nichts weiter als der Augenblick, eine ganze Welt, die unaufhörlich, jetzt und jetzt, aus der puren Realität hervorging, ein Unaussprechliches, das sie, um es nicht zu verfälschen, einfach »diese Sache« nannte. All das bewegte sie nach Monaten der Beobachtung dieser Metamorphose zu einem Eingeständnis: »Ich bin lebendiger, als ich es je war, und zugleich bin ich tot.«

Ausradiert! Konfisziert, gelöscht, nicht mehr da. Und dabei so präsent, flüsterte es mir aus der Erinnerung, so absolut und intensiv gegenwärtig für alles und jeden. Und ich war eingeladen, ich, die ewige Sucherin, die alle Möchtegern-Spiritualität so satthatte, war eingeladen, diese Präsenz aus der Nähe zu erleben, diese Stille, dieses Mysterium, diese … »Sache«.

So also kam es, dass ich jetzt in Richtung Annecy fuhr an diesem Frühlingstag, der wie ein Abbild meiner Hoffnung auf neue Entwicklungsimpulse war. Ich fuhr zu Yolande, ins Unbekannte, zu einer Begegnung, aus der Freundschaft werden würde und in der die Worte und die Stille ein ganzes Jahr lang fließen sollten. Begegnungen, Worte und Stille, abgebildet in diesem Buch.

VORFREUDE

Nach jener ersten Begegnung war ich wie verzaubert gewesen. Zeit war vergangen, wie würde es jetzt sein? Vielleicht hatten wir uns beide verändert, vielleicht hatten sich unsere verschiedenen Wege nur einmal gekreuzt, hatten sich unsere Leben für einen Moment in der Schwebe gehalten, um dann wieder jedes seinen eigenen Lauf zu nehmen.

Die Sorge hätte ich mir sparen können. Wir gingen an den blauen Ufern des Lac d'Annecy entlang oder saßen irgendwo und sprachen miteinander, und es war alles andere als Geplänkel. Wir erzählten einander unsere Leben, und da blieb nichts ausgespart, nichts musste beschönigt werden. Nichts anderes war möglich in ihrer Gegenwart und unter diesen Augen, die so klar, so unverhohlen, so frei von heimlichen persönlichen Absichten schauten – da musste ich einfach ich selbst sein, unverborgen, offen und frei.

Freude lag in der Luft.

Yolandes Wohnung lag oberhalb der mittelalterlichen Stadt mit ihren Gassen und Kanälen und den kleinen Parks mit ihren Schlüsselblumenwiesen. Hier begannen wir mit unseren Interviews, Mikro und Notizblock so unaufdringlich wie möglich plaziert.

1
WO SIND MEINE GEDANKEN HIN?

»Aus Glückseligkeit sind alle Wesen geboren,
aus Glückseligkeit existieren sie,
in die Glückseligkeit kehren sie zurück.«
Taittiriya-Upanishad

Das war im August 2003. Der Tag hatte wie irgendein Sommertag begonnen, mein Sohn war unterwegs, und ich hatte mich allein mit diesem und jenem beschäftigt. Dann fiel mir plötzlich auf ...

Dir fiel auf ...?
Es war etwas wie Stille in meinem Kopf. Ja, auffallend still. Wo waren meine Gedanken hin? Es war eine Art Raum zwischen meinen Gedanken, wie Zwischenraum, und die Gedanken selbst wirkten so, als stünden sie im Hintergrund. Als gehörten sie gar nicht mehr zu mir oder hätten zumindest keinen Einfluss mehr auf mich. Da war eine Leichtigkeit, etwas Wohliges, ich fühlte mich im Einklang mit mir, verbunden mit mir wie nie zuvor. Mit etwas verbunden, das ich nicht erklären konnte und für das ich keine Worte hatte – diese Stille ...
Ich fragte mich, was da los war. Und ich horchte wirklich auf.

Auf was?
Es fühlte sich an, als funktionierte mein Innenleben anders als sonst. Plötzlich, ja blitzartig war etwas über mich gekommen. Ich hatte es nicht kommen sehen, es hatte mich unverhofft gepackt. »Diese Sache«, die Worte nicht erfassen können, hatte alles an sich gerissen.

Du hast nichts kommen sehen?

Nein, gar nichts. Nur fiel mir jetzt auf, dass alles anders war. Zuerst war es die Stille, die mich geradezu ansprang. An den folgenden Tagen ging mir dann auf, dass ich nichts mehr so erlebte wie früher. Die vielen Nebensächlichkeiten, über die ich mich alle Tage aufregen konnte – eine zuknallende Tür, die Schlüssel, die ausgerechnet dann, wenn du los möchtest, nicht zu finden sind, diese oder jene kleine Sorge, all die Kleinigkeiten, die mich ständig bedrängten, ohne dass ich es auch nur bemerkte –, das alles berührte mich nicht einmal mehr. Wenn ich zum Beispiel bemerkte, dass die Tür nicht richtig zu war oder ich die Schlüssel nicht in der Tasche hatte, dann ging ich einfach und machte die Tür zu oder suchte die Schlüssel, aber völlig ohne inneren oder gesprochenen Kommentar. Alles war einfach so, wie es eben war. Nur meine Wahrnehmung war anders, meine Reaktion.

Eigentlich hast du gar nicht mehr reagiert, oder?

So ist es, ich habe nicht mehr reagiert. Weil da diese Stille war, diese Seelenruhe, die mich völlig überflutete, aber auch in Frieden bleiben ließ, was auch gerade los sein mochte.

Anfangs habe ich das ganz für mich behalten und nur zugesehen und mich gefragt, was das wohl sein mochte. Ich war gerade vierzig geworden und sagte mir: »Vierzig zu werden ist ja wirklich toll! Endlich fühle ich mich im Einklang mit mir selbst, so leicht, so gut.«

Du hast das wirklich deinem Vierzigsten zugeschrieben?

Ja, so habe ich mir das anfangs erklärt. Aber in Gesprächen mit anderen stellte sich dann heraus, dass sie sich jenseits der vierzig nicht so fühlten wie ich, sie nahmen es nicht so wahr wie ich. Alle meine Freunde waren Verstandesmenschen und führten wie ich ein aktives Leben, das sie in Atem hielt, und genau wie ich hatten sie sich noch keine metaphysischen Fragen gestellt oder gar »spirituelle« Bücher in die Hand genommen oder überhaupt etwas über persönliche Entwicklung gelesen. Sie kannten mich als jemanden, der immer auf Achse war – kaum irgendwo angekommen, wollte ich auch schon wieder woanders sein. Und jetzt sahen sie mich auf einmal entspannt, in Ruhe, gelassen. Sie freuten sich für mich. Sie sagten: »Wie schön, du hast so eine gute Ausstrahlung.« Aber sie wussten nicht, was mit mir los war. Ich auch nicht.

Und da fing ich dann an, mich ernsthaft zu fragen, was sich da eigentlich im Unsichtbaren tut, im Innern. Ich fing an zu recherchieren, ich sah mich in Buchläden um, vielleicht gab es ja etwas, womit ich mir einen Reim auf meine Erlebnisse machen konnte.

Mit der Zeit habe ich dieses Bemühen um Durchdringung eingestellt. Nach und nach überließ ich alles immer mehr »dieser Sache« und sah nur noch zu, wollte nur noch verfolgen, was da geschah und sich immer weiter abspielte, immer dichter, immer lebendiger, immer klarer. Aber am Anfang, ja, da wollte ich verstehen.

Und dann?

Und dann ist ziemlich bald der Unfall passiert.

Das war zwei Monate später, Ende Oktober. Ich war beruflich in Nordfrankreich unterwegs. Handy stumm: kein Netz. Dann wieder Netz und plötzlich haufenweise SMS. »Oha«, dachte ich, »da muss irgendetwas Wichtiges los sein.« Ich wählte eine der Nummern, die meiner besten Freundin. Stockend sagte sie: »Dein Sohn ... Unterwegs ... Ein Unfall ... Er ist tot ...«

Ich habe das wohl nicht sofort geglaubt. »Unfall« verstand ich natürlich, aber das Weitere? »Nein, das kann nicht sein, da muss sie sich irren.«

Ich fuhr und fuhr, als Treffpunkt war das Haus meiner Schwester ausgemacht, ich fuhr einfach und dachte nicht. Einmal regte sich ein einziger Gedanke: »Wenn das stimmt, ist mein Leben kaputt.«

Aber er hielt nicht an. Er ging wie alles in dieser großen gelassenen Ruhe auf, in der ich seit Wochen lebte.
Bei meiner Schwester warteten alle schon auf mich. Die ganze Familie, die Freunde, alle. Da musste es wohl doch wahr sein. Sie umringten mich, sie erzählten. Ich fühlte ein Lösen und Lassen, ich überließ mich.

Das heißt?
Ich ließ los. Es war, wie es war. Keine Tränen, kein Zusammenbruch. Ich ging nach oben in mein Zimmer, ganz ruhig. Freunde kamen, Familienmitglieder kamen, besorgt, sie wollten sehen, was ich machte. Sie versuchten zu reden, versuchten zu verstehen, was das alles mit mir machte. Aber eigentlich war ich ganz ruhig. Stunden vergingen, und es blieb so, ich sah die Unruhe der anderen, aber was mich anging ... wie soll ich sagen? Es gab keine Aufregung in mir, kein Aufbegehren. Keine Ausbrüche, keinen gequälten Aufschrei: »Nein, es kann nicht sein! Es muss anders sein!«
Ich kann mich jetzt kaum noch erinnern, was im Einzelnen passiert ist, aber ich empfand den Schmerz nicht, den sie alle bei mir vermuteten. Ich verstand, dass Schmerz nicht von einer Situation hervorgebracht wird. Jedenfalls nicht in meinem Fall; nicht, wenn Stille herrscht. Umstände können mir keine Schmerzen bereiten, weil Schmerz und Stille nicht zusammen sein können.
Ich habe erst einmal gar nichts gesagt, zu niemandem. Ich konnte auch nichts vorspielen, also blieb ich, wie ich war, ruhig. Natürlich habe ich keine Freudensprünge gemacht, aber es gab eben auch keinen Zusammenbruch. Ich war wie in einem neutralen Raum. Meine Freunde gingen davon aus, dass ich am Boden zerstört war, und sagten sich: »Sie hat es noch gar nicht ganz realisiert.« Aber das war es nicht. Ich hatte alles vollständig verstanden, aber in meinem Kopf herrschte immer noch diese Stille, und in der blieb auch ich ruhig.

Die nächsten Wochen mit ihrer Aufregung und gedrückten Stimmung zogen an mir vorbei. Es kam die Beerdigung mit ihren Beileidsbekundungen, und da war jetzt diese Leerstelle, aber ich erlebte all das von dieser gelassenen Ruhe aus, die mich nie verließ. Es lag auf der Hand, ich konnte es nicht mehr übersehen: Etwas tief in mir erlaubte mir, bei all dem in Frieden zu sein. Es war unglaublich und doch war es so.

Du wusstest Bescheid, aber das konnte dich nicht aus dieser friedlichen Stille holen? Oder gab es doch Augenblicke der Verzweiflung oder ein Hin und Her zwischen den beiden Zuständen?
Es gab damals Augenblicke der Traurigkeit, einer Traurigkeit, die ich, wie soll ich sagen ... betrachtete. Ich sah sie kommen, ich sah sie gehen.

Als wäre Traurigkeit ein Besuch und nicht »Ich bin traurig«?
Sehr richtig. Ich spürte, wie das Gefühl hochkam. Dann war es da und wurde so empfunden, aber es ließ sich nicht halten. Es zog weiter.

Dann hat diese Neutralität nichts von Gleichgültigkeit?
Nein, gar nicht! Von außen betrachtet hätte man natürlich den Eindruck haben können, ich sei wie betäubt und würde gar nichts mehr fühlen. Aber innen war es so, dass ich alles sehr intensiv erlebte. Ich war kein bisschen tot. Es gab Augenblicke der Traurigkeit, Augenblicke der Niedergeschlagenheit, aber sie flossen durch mich hindurch und dann weiter. Immer war diese Stille da, dieser Raum des Unbekannten. Und mit der Zeit konnte ich mich immer mehr »dieser Sache« überlassen, die da in mir wach geworden war, die alles in ihren Bann gezogen hatte. Ich habe mich total in sie verliebt. Alles andere rückte in den Hintergrund.

IN DEN TAG HINEIN

Hätte ich mir ein typisches Interview vorgestellt gehabt – zwei Leute, die einander gegenübersitzen, einer in der Rolle des Interviewers, der andere als Interviewter –, wäre mir eine Enttäuschung sicher gewesen. Zum Glück hatte ich mir – gegen meine Gewohnheit – überhaupt nichts vorgestellt. Die Realität konnte sich ganz gut selbst zeigen, auch ohne meine Vorgaben. Jede unserer Begegnungen bestätigte mir erneut, dass bei Yolande nichts je vorhersehbar sein würde. Es konnte sein, dass ich mit dem Kopf voller Fragen kam, ganz darauf aus, dieses Unbekannte in Worten auszuloten, das sie erlebte, ja, das sie war – doch dann schien die Sonne und lockte uns ins Freie, an die frische Luft. Alles schien sich gegen ernsthafte Arbeit zu verschwören: Schaufenster, unser Weg am See entlang, der Wind, die Boutiquen, unser Lachen, die einladenden Cafés und ihre Freunde.

Dann wieder saßen wir wild entschlossen an den beiden Enden des Sofas, Aufnahmegerät und Notizblock bereit, und die Stille selbst machte uns einen Strich durch die Rechnung. Kaum war ihr auf eine Frage hin ein Wort über die Lippen gekommen, entschwand das nächste schon wieder ins Grenzenlose, bevor es sich ihr richtig zeigen konnte, und dann breitete sich Stille über alles und gab Yolande nicht mehr frei. Es verging eine Minute, dann noch eine, und die Stille setzte sich durch. Anfangs brachte mich das ein wenig aus der Fassung, dann bestürzte es mich, doch am Ende konnte ich mich dem nur ergeben. Die Dringlichkeit der Fragen verlor sich. Empfindungen breiteten sich in mir aus, kaum wahrnehmbar, aber doch so köstlich, dass ich mich in sie verlor, mich ihnen überließ. Ein Blick auf Yolande bestätigte mir dann, dass ich nichts leisten musste, und so ließ ich meine Notizen sinken und schloss die Augen. Die Zeit verging. Am Abend, wieder bei mir zu Hause, war das Staunen noch in mir. Nur mein Aufnahmegerät war leer.

»Aber schau, wir arbeiten doch!«, erwiderte Yolande sanft, als ich einmal Bedenken wegen der bei so vielen unserer Begegnungen waltenden Sorglosigkeit anmeldete. Das musste ich zugeben. Wenige Worte waren aufgezeichnet, aber es wurde doch einiges geleistet.

Geleistet? Irgendwo im Verborgenen vollzog sich da eine Wandlung, genährt vom schlichten Beobachten, bei dem auffiel, dass sich alles immer genau im richtigen Augenblick zutrug. Es bedurfte keines Plans. Und wenn ich doch einmal meiner alten Gewohnheit nachgab, die nächste Szene vorauszuplanen oder vorherzusehen, war der Augenblick zur Stelle, um alles über den Haufen zu werfen. Und solche Augenblicke hatten etwas von Yolande selbst. In der Abwesenheit eines Ichs war es, als hätte eine geradezu überwältigende Präsenz Besitz von ihr ergriffen, die in der lebendigen Leuchtkraft ihres Lächelns, in jeder ihrer Bewegungen zu liegen schien. Und diese Ausstrahlung war eigentlich das, was meine Bedenken zum Schweigen brachte.

»Überlass es der Stille, sie weiß.« Ihre Worte ließen es auch in mir still werden. Meine Zeitsorgen wurden von einem Raum verschluckt, der die Gedanken zum Stillstand brachte, einem Raum, der etwas Wuchtiges und zugleich Mildes hatte.

Einstweilen hatte ich noch nichts Konkretes oder Zusammenhängendes, das ich als das vereinbarte Interview hätte aufsetzen können. Und nichts, womit ich mir einen Reim auf das Wunderbare hätte machen können, das meine neue Freundin erlebte. Wir waren wie zwei Freundinnen im Urlaub, machten Spaziergänge und unterhielten uns, wir tauschten

Geheimnisse aus und amüsierten uns königlich bei unseren gemeinsamen Mahlzeiten. Und mit der Zeit stellte sich heraus, dass dieses Mysterium, das ich zu bezwingen gedachte, mich zu bezwingen begann, und nicht mit Worten, sondern durch schiere Präsenz.

2

ALLES IST IN DEN HINTERGRUND GERÜCKT

»... das Nun, darin Gott den ersten Menschen schuf,
und das Nun, darin der letzte Mensch vergehen wird,
und das Nun, darin ich spreche, die sind gleich in Gott
und sind nichts als *ein* Nun. Nun seht, [wohnt ein Mensch]
in *einem* Lichte mit Gott, [so] ist in ihm weder Leiden noch
Zeitfolge, sondern eine gleichbleibende Ewigkeit.
Diesem Menschen ist in Wahrheit alles Verwundern
abgenommen, und alle Dinge stehen wesenhaft in ihm.
Darum empfängt er nichts Neues von künftigen Dingen
noch von irgendeinem ›Zufall‹, denn er wohnt in
einem Nun, allzeit neu, ohne Unterlass.«

Meister Eckhart

Kannst du »diese Sache«, die dich damals im Sommer 2003 gepackt und seitdem nicht wieder verlassen hat, in Worte fassen? Du hast von Stille, von Kraft, von diesem Bejahenden gesprochen.

Das ist wirklich nicht einfach. Sie ist nicht nur unsichtbar, sondern unsagbar. Sie zeigt sich aber als eindrucksvolle Stille, als Dichte, als Kraft und Milde. Aber all das hier, alles Manifestierte, ist dann schon in den Hintergrund gerückt. »Diese Sache« ist vor der Manifestation. Sie ist vor allem, wofür ich mich gehalten habe, vor allem, was ich als Realität aufgefasst habe, sei es innen oder außen.

Und weiter?

Früher einmal bestand meine Wirklichkeit aus Wachzustand, Traum und Schlaf und jemandem, der diese drei Zustände erlebte. Und dann schob sich auf einmal »diese Sache« vor all das. Sie tauchte diese drei Welten des Wachens, Träumens und Schlafens in ihr Licht. Sie übernahm die Führung, und alles – Wachzustand, Traum und Schlaf mit ihren Inhalten – rückte in den Hintergrund.

Als ginge »diese Sache« allem voraus?
Als ginge sie allem voraus, wofür ich mich gehalten habe, auch dem, was ich sehe, fühle und denke.
Es ist, als wäre da ein Sehen in mir entstanden. Es sieht, dass »diese Sache« sowohl stärker als auch sanfter ist als alles, was überhaupt existiert, als alles, was ich zu sein glaubte, als alles Denkbare, alles Vorstellbare.
Als ich das erkannt hatte und sah, dass ich gut damit leben konnte, habe ich mich ihm vollkommen überlassen.

Als würdest du gänzlich in »dieser Sache« ruhen, eher als in dir selbst?
Als existierte ich gar nicht mehr als Person wie zuvor. Als wäre etwas von mir zu Ende gegangen, als hätte »diese Sache« urplötzlich eine Kraft entfaltet, die mich leitet. Als hätte die Person, das Ego, damit aufgehört, sich von Augenblick zu Augenblick immer wieder zusammenzusetzen.

Heißt das, du entscheidest gar nicht mehr selbst, ob du irgendwohin gehst? Du überlegst nicht, ob du besser dahin oder dorthin gehst?
Ganz sicher glauben wir, dass wir selbst entscheiden, dass es unser Entschluss war, dies zu tun, dorthin zu gehen, jenes zu tun – ich habe das auch geglaubt. Aber seit diesen Ereignissen bin ich sicher, dass es nicht so ist.

Und sicher, dass »diese Sache« den drei Zuständen und dem Ich vorausgeht?
Sie erlaubt diesen Dingen, da zu sein, stattzufinden. Ja.

Ist diese Gewissheit eine Wahrnehmung, ein Sehen?
Sie ist mehr als ein Sehen. Es gibt nichts daran zu deuteln. Sie ist wie ein tiefes Gefühl, sehr stark: Selbst wenn ich im Moment einfach das sehe, was jeder andere auch sieht – ein Sofa, einen Tisch, einen Menschen mir gegenüber –, steht dieses tiefere Sehen noch davor, es geht ihm voraus und ist so stark, dass es sich an die Stelle dessen setzt, was meine Augen und die anderen Sinne mir zu sagen scheinen. Was die Augen sehen, die Ohren hören, die Haut fühlt, all das lässt sich nicht mehr zur Beschreibung der Realität verwenden. »Diese Sache« ist nämlich immer schon vor allem anderen da, ständig und jeden Augenblick wieder. Sie geht allen Phänomenen voraus, allen Erfahrungen, aus denen mein Dasein früher bestand. Ich könnte es auch so sagen: Alle Dinge werden gleichsam von »dieser Sache« gesehen, die den Vordergrund einnimmt, und alles, was ich sehe, höre oder spüre, spielt sich im Hintergrund ab. Sogar das, was ich mit geschlossenen Augen sehe, und das ist schon um einiges realer als die gewöhnliche Wirklichkeit.

Was du mit geschlossenen Augen siehst?
Ja. Wenn ich mich hinlege und die Augen zumache und mich entspanne, sinke ich in einen anderen Zustand ein. Der hat nichts vom Wachzustand oder von Traum oder Tiefschlaf. Ich bin dann völlig bewusst, aber es besteht keine Körperwahrnehmung mehr. Es ist dann, als wäre ich reines Sehen, ein Sehen mit geschlossenen Augen. Darin erscheint dann alles Mögliche, Gesichter, Landschaften, flüchtige Erscheinungen von großer Intensität – und alles derart real, dass Wörter wie »sehen« oder »wirklich« eine ganz andere Bedeutung annehmen.

Aber auch ohne solche Erscheinungen, im Alltag, hat »sehen« einen neuen Sinn, einen neuen Geschmack bekommen. Die Stille lässt nicht zu, dass du dich jeden Augenblick neu erschaffst, sie erlaubt dir nicht, dich einzumischen, zu denken und diesen ganzen mentalen Filter in Gang zu halten. Dadurch erscheint dir die Realität so viel lebendiger, so viel realer.

Nimmst du Dinge wahr, die du vorher nicht wahrgenommen hast? Oder siehst du einfach intensiver oder aus einem anderen Blickwinkel?

Es ist sogar noch weitaus subtiler. Dieser Augenblick des Umschlags, oder wie du es nennen willst, ist wie eingraviert und dadurch jederzeit wahrnehmbar. Du kannst ihn nicht vergessen, er gibt allem Übrigen seinen Sinn und Wert. Es ist etwas, das vor allem anderen da ist und dir erlaubt, die Dinge wahrzunehmen ... ohne da zu sein. Es ist etwas, was dich in der Rückschau erkennen lässt, dass alles, was du siehst, alles, was dir erscheint, nur eben jetzt erscheint. Im nächsten Moment, pfft, fini, ist es nicht mehr da. Letztlich gibt es nichts als *jetzt*. Der Augenblick davor, der Augenblick danach, das sind einfach zwei Abstraktionen.

Dieses tiefe Gefühl, diese unsichtbare Sache, die dich in diesem Empfinden hält, ist eigentlich das, was sieht. Es ist eine Klarheit, deutlich und stark, die dir nicht erlaubt, dich weiter von dem blenden zu lassen, was deine körperlichen Augen sehen. Es ist gleichzeitig: Du siehst mit deinen Augen wie zuvor, du siehst die Dinge erscheinen wie immer, und zugleich nimmst du die Stille wahr, diese unaufhörliche Präsenz, die dir nicht gestattet, im Kopf, in der Vergangenheit, in der Zukunft zu sein. Diese Gleichzeitigkeit lässt dich im Augenblick lebendig sein, sie macht die Dichte des Augenblicks aus, und an ihr liegt es, dass nichts anderes vorhanden ist als der Augenblick. Es bleibt einfach kein Platz für anderes.

»Diese unsichtbare Sache«, sagst du, ist das, was sieht?
Ja. Dieses Dichte, Intensive, diese Empfindung im Vordergrund ist das, was sieht, würde ich sagen. Sie ist vor dem Sehen, vor den Augen, vor dem Betrachten. Und sie sieht vor den Augen – womit also sieht sie?
Stille breitet sich aus, untermalt vom Brummen eines Rasenmähers.
Sie sieht, Punkt. Es sind nicht meine Augen, die da sehen. Noch weniger ist es mein Erkennen oder mein Denken. Und dieses Sehen ist von solcher Kraft, dass ich die Dinge, die mir erscheinen, nicht mehr als Realität nehmen kann. Es geht einfach nicht. Es ist unmöglich geworden.
Zugleich ist die Stille, diese ständige Präsenz, von solcher Dichte, dass du in ein Gefühl von ununterbrochener Lebendigkeit kommst. Lebendig wie noch nie. Und selbst in ganz unbehaglichen Augenblicken, wenn du krank oder müde oder sonst etwas bist, ist diese Empfindung, diese Präsenz, vorhanden. Also, du fühlst, dass du wirklich lebst.

Wenn du sagst, »du fühlst«, ist es dann wie ein Berührungsempfinden oder eher emotional? Wird es im Körper empfunden?
Auch nicht. Es gibt keine Worte dafür. Es ist Berührung ohne Berührung. Etwas ist da, eine Präsenz, und die ist weder taktil noch emotional. Es ist, könnte man sagen, die Freude, nicht zu sein.
Und diese Intensität, diese Präsenz, ist so ... präsent, dass du nicht anderswo sein kannst. Es ist nicht möglich, sich von seinen Gedanken einnehmen zu lassen, noch weniger von dem, was man sieht, was man fühlt, was man tut. Als ob dein Ich nicht mehr in der Lage wäre, sich jeden Augenblick wieder neu aufzubauen. Es ist wie ein vierter Zustand, so stark, so lebendig, dass er dir nicht in einen der drei bekannten Zustände – Wachzustand, Traum oder Tiefschlaf – zurückzukehren und darin wie gehabt als Person zu existieren erlaubt.

Andererseits geht diese Präsenz aber mit einer Empfindung einher, die ganz entfernt etwas von Berührung hat, vielleicht wie von einem auf der Höhe des Herzens gehaltenen Finger. Es geht vom Herzen aus und umfängt alles. Alles, was Moment für Moment erscheint, alle Inhalte erscheinen in »dieser Sache«. Ein tiefes Ahnen, dass du da bist, ohne da zu sein. Etwas sieht weiterhin, funktioniert weiterhin, aber du bist einfach nicht mehr fähig, auf die alte Psyche hereinzufallen. Das Wahrgenommene hat keine Macht mehr. Es ist in den Hintergrund gerückt. Selbst wenn sich an Yolandes Art, mit den Dingen umzugehen, äußerlich nichts geändert hat, innen steht »diese Sache« im Vordergrund, jeden Augenblick.

Das verringert zwangsläufig die Wichtigkeit des Gesehenen. Die gesamte Aufmerksamkeit ruht dort auf der Stille, auf dieser Präsenz, ob du willst oder nicht. Tatsächlich ist nichts da als das, und zugleich erscheint im Hintergrund alles, was sich jeden Moment zeigt.

Es ist faszinierend. Ich bin total verliebt in »diese Sache«. Total verliebt in den gegenwärtigen Augenblick – vielmehr in das, was ihm vorausgeht, »diese Sache«, die dir erlaubt, ganz in dieser wohligen Stille zu leben. Dieses sehende Sehen, das dir die Möglichkeit gibt, zu sehen, ohne da zu sein. Darin verliebt man sich Hals über Kopf, es geht gar nicht anders.

EINE GROSSE FAMILIE

An einem Vormittag im Frühling fuhr ich nach Bonneville. Ich wollte Yolande im Restaurant La Grenouillère treffen, wo sie einer Freundin aushalf. Umgeben von Weingärten, Lagerhäusern, Villen, einer etwas lauten Straße und einer Bahnstrecke von Spielzeug-Ausmaß, liegt La Grenouillère zwischen den Bergen und der Flussniederung. Ein schönes Bauwerk, dessen Terrasse von einer grünenden Hecke eingefasst ist, dazu eine jetzt noch skelettartige Laube und in der Mitte eine Linde mit ein paar ersten Blättern von zartestem Grün.
Es war gegen elf, als ich ankam und vom stürmischen Kläffen eines kleinen Hündchens von erstaunlicher Stimmgewalt empfangen wurde. Tarot zeigte sich aber wie so viele seiner Art sehr aufgeschlossen für ein Tätscheln oder Streicheln. Danach begrüßte mich Maud, sein Frauchen und die Inhaberin des Lokals, immer zum Lachen und zu gutmütigem Spott aufgelegt. Maude hielt sich hinter der Theke oder am Eingang zum Gastraum auf, oder sie empfing Gäste, als gehörten sie zur Familie.

Ich verstand bald, dass La Grenouillère wirklich eine große Familie ist. Vielleicht liegt es an den Partys, die da jeden Donnerstag gegeben werden und bei denen man bis in die Nacht isst und trinkt und tanzt und jeder jeden kennt. Wenn man seinen Tisch besetzt hatte, versammelten sich alle erst einmal mit ihren Freunden oder ihren Rendezvous-Partnern an der Theke, wo man lachte, angeregt plauderte und die neuesten Anekdoten über nicht Anwesende austauschte, die man erwartete, die später oder morgen kommen würden. Es war ein großes, heiteres Hallo, in dem sich Yolande da bewegte, jedem zugewandt. Hier füllte sie ein Glas nach, dort brachte sie je-

manden an seinen Tisch, und einen Dritten, der etwas blass hinter seinem Mineralwasser saß, fragte sie, was der Arzt gesagt habe.
Wir hatten einen Tisch, von dem aus ich verfolgen konnte, wie sich der Raum nach und nach füllte. Yolande kam manchmal vorbei, und zwischendurch sah ich ihr zu, wie sie sich mit einem Lächeln in den Augen und präzisen, anmutigen Bewegungen zwischen den Tischen bewegte, Bestellungen aufnahm, servierte, abräumte, ein paar freundliche Worte wechselte und neue Gäste willkommen hieß. Manchmal blieb sie am Tisch von jemandem stehen, der, wie dem Mienenspiel zu entnehmen war, etwas Vertrauliches oder sehr Persönliches mitzuteilen hatte. Immer wieder kam sie auch zu mir, um zu sehen, ob ich mit allem versorgt war. Sie setzte sich zu mir, die Ruhe selbst in diesem Wirbel, und es war mir immer so, als würde mir ein weicher, bergender Umhang um die Schultern gelegt. Unverhofft war sie dann wieder auf den Beinen, auf irgendein Zeichen hin, das mir entgangen war.
Fasziniert verfolgte ich, wie sie sich mit ihrem Geheimnis in diesem Lokal bewegte. Niemand wusste darum, aber manch einer muss es wohl gespürt haben, jedenfalls war nicht zu übersehen, dass sie Yolandes Nähe genossen und sie auch schon mal unter irgendeinem Vorwand herbeiwinkten. Und wenn sie dann dort war, fand man wieder gute Gründe, je nach Temperament mit wenigen oder vielen Worten, sie noch ein wenig zu halten.

Drei Stunden vergingen so, nur noch wenige Gäste hielten sich im Lokal auf. Maud machte sich an der Theke zu schaffen. Ein Sonnenstrahl fiel durchs Fenster herein.
Wollen wir einen Spaziergang machen?
Das schnappte der Hund sofort auf und stürzte auch schon zur Tür.

Warm eingepackt in unsere Mäntel, Kragen hochgeschlagen und Schal fest geknotet, waren wir ebenfalls bald bereit. Die Aprilluft war noch beißend kalt im Gesicht.
Schon nach den ersten Schritten hin und her zwischen den Pfützen hindurch nahmen wir unseren Gesprächsfaden wieder auf und steuerten wie immer direkt auf das Wesentliche zu, diesmal sogar noch lebhafter und spontaner, weil kein Mikro im Weg war. So gingen wir, tief durchatmend, und lachten über den auf irgendwelchen Fährten hin und her hetzenden Hund und spürten Yolandes Worten nach und meinen Fragen und dem, was sie im Augenblick erlebte. Mir würde später die Aufgabe zufallen, unseren Austausch zu rekonstruieren.

3
»MADAME, SIE SIND IN DER PUREN REALITÄT«

»Wer mitten im Getümmel in tiefem Frieden und in der größten Ruhe sehr regsam sein kann, der hat das Geheimnis des Lebens aufgedeckt.«
Bhagavadgita

Der Tod meines Sohns lag fast ein Jahr zurück. Meine Angehörigen und Freunde sahen nach wie vor keine Reaktion bei mir, und so konnte ich für sie nur unter Schock stehen. Sie bestanden darauf, dass ich, nur zu ihrer Beruhigung, zum Psychiater ging. Ich war dann bei einem Herrn von um die sechzig, dem ich meine Erlebnisse nach bestem Wissen schilderte – die Gedankenleere, das ausbleibende Leid, das meine Lieben so beängstigend empfanden, eine Leere, ja, aber eine erfüllte Leere. Er hörte mir lange zu und sagte nichts. Er bat mich, ein zweites Mal zu kommen, und da war er es dann, der das Wort ergriff. Und er sagte ungefähr: »Madame, ich wüsste nicht, was ich für Sie tun könnte. Meine Zuständigkeit liegt darin, Menschen von finsterer Gemütsverfassung in einen eher rosigen psychischen Zustand zu führen. Sie dagegen haben psychologische Zustände völlig hinter sich gelassen. Sie sind in purer Realität. Deshalb weiß ich nicht, was ich für Sie tun könnte. Aber ich kann es versuchen, wenn Sie möchten.« Ich bin nicht wieder hingegangen.

Aber eigentlich hast du nie wieder angefangen zu arbeiten. Dieser Zustand, in dem du jetzt bist, hindert er dich daran?
Dieser Zustand, »diese Sache«, hindert dich an gar nichts. Im Gegenteil, er ist es, der alles ermöglicht. Er ist der Raum, der allen

Dingen, Gedanken und Ereignissen vorausgeht. Der Raum, in dem alles erscheint. Man kann ihn nicht denken, er ist undenkbar. Man kann ihn nicht erfassen – er ist es, der alles erfasst, alles umfasst. »Diese Sache« kann man nur erleben, und das Leben wird dann sehr einfach. Du hast nichts mehr zu tun, alles tut sich von selbst. Diese Spontaneität, die dich packt und in der Stille hält, löst alle Probleme schon im Ansatz – einfach weil sie nur im Hintergrund erscheinen. Man sieht die Dinge sich abspielen, man sieht sehr klar, dass es alles Traum ist, alles Illusion, nicht vorhanden, obgleich es erscheint.

Und Yolande ist auch nicht vorhanden?

Du weißt nicht, was du bist. Du kannst nicht erklären, was da ist, aber du bist nichts mehr von dem, was du zu sein geglaubt hast. Das ist es, was so grundsätzlich anders ist.

Und es ist wunderbar! Problem gelöst! Nichts weiter mehr zu tun, als alles, was sich zeigt und zum Hintergrund gehört, erscheinen und wieder verschwinden zu lassen – einschließlich Yolande. Diese Art zu leben erzeugt eine gesteigerte Sensibilität. Und diese Intensität lässt keinen Raum für alles Übrige. Du spürst die Lebendigkeit deines Körpers in allen seinen Teilen, du langweilst dich nie. Du empfindest immer etwas, anstatt es zu denken. Die Intensität kann natürlich wechseln.

Du sagst, du hast nichts mehr zu tun, du schaust zu, wie die Dinge sich abspielen – aber du handelst doch, du bist sehr aktiv! Ich habe dir die ganze Zeit zugeschaut, du hast Gäste begrüßt, Bestellungen aufgenommen, serviert, abgeräumt – alles sehr schnell, sehr ruhig, ganz den Leuten und den Dingen zugewandt.

Das Restaurant, ja. Maud hat mich vor zwei Jahren einmal gebeten auszuhelfen. Damals habe ich schon keine berufliche Tätigkeit mehr ausgeübt, ich hatte gar nichts mehr zu tun. Den Großteil meiner Zeit habe ich der Beobachtung dessen gewidmet, was

sich da in mir abspielte. Und so stand ich eigentlich für jedermann zur Verfügung. An diesem Tag also die Anfrage meiner gestressten Freundin: »Mein Koch hat mich im Stich gelassen, kannst du aushelfen?« Es sollte nur für das Wochenende sein. Aber es folgten weitere Engpässe und Noteinsätze, mal beim Bedienen, mal in der Küche, am Tresen, in der Buchhaltung, beim Nachschub. Ich bin immer noch häufig hier.
Und diese sehr aktive Arbeit hier in einem Lokal, das wirklich brummt, macht mir klar, dass sich der ganze Wirbel nur da draußen abspielt. Innen bleibt alles ganz still. Mir geht auch nie die Energie aus. Wenn alles von dieser anderen Warte aus gesehen wird – nicht aus Yolandes Blickwinkel, sondern von »dieser Sache« her –, breitet sich eine große Stille aus, auch eine große Präsenz, die nichts erschüttert. Daher auch eine hohe Leistungsfähigkeit.

Du nimmst die Dinge nicht mehr »aus Yolandes Sicht« wahr?
Du identifizierst dich mit dieser unsichtbaren Sache. Sie kam, sie wurde so übermächtig – du kannst dich einfach nicht mehr mit deinen Gedanken identifizieren, du nimmst anders wahr. Du nimmst mit ihr wahr, mit »dieser Sache«. Und wenn für einen Augenblick doch wieder die alte reflexhafte Identifikation mit deinen Gedanken da ist, wird sie gleich wieder weggefegt.
Ich kann jederzeit sehen, wie etwas in mir die Gedanken löscht, die Identifikation mit dem Denken. Ich habe da nichts zu schaffen; es tut sich selbst, und ich nehme die Bewegung nur wahr. In den ersten beiden Jahren, in denen meine Aufmerksamkeit ganz auf mein Innenleben fixiert war, habe ich sehr genau verfolgt, wie sich ein Gedanke bildete und dann gleich wieder gelöscht wurde. Inzwischen oder etwa bei diesem Getriebe hier im Restaurant ist es nicht so, dass ich dem dauernd nachgehe, aber es kommt mir jetzt so vor, als bliebe dem Denken keine Zeit, sich auch nur zu zeigen – es wird schon im Entstehen ausradiert. Man

könnte sagen, die inneren Regungen hätten nicht mehr die Zeit, sich in Sprache, in Denken zu verwandeln. Und wenn es doch einmal vorkommt, läuft es immer gleich: Du lässt dich von den Ereignissen und den mit ihnen verknüpften Gedanken nicht mehr einfangen.

Daher die immer verfügbare Energie?
Ja. Ich habe den Eindruck, dass diese Müdigkeit und Energielosigkeit, die ich früher kannte, durch die Identifikation mit dem ganzen Getümmel bedingt ist. Man glaubt seinen Gedanken. Man ergreift Partei, stimmt zu oder nicht, man bekommt es mit der Angst, man reagiert. Man will, man will nicht, man ahnt Böses, man wägt ab. Man ist wie ein Schauspieler mitten im Bühnengeschehen.
Hier bist du Zuschauer. Du verfolgst, wie sich das abspielt, »da draußen« die Leute und der Gang der Dinge, »hier drinnen« die Gedanken und Gefühle, die genauso kommen und gehen. Es gibt kein Ich mehr, das sagen könnte: »Ich bin dieser Gedanke« oder »Ich bin dieses Gefühl.« Es geht um nichts mehr, es steht nichts auf dem Spiel. Folglich entstehen keine Energieverluste mehr.
Und dann ist da dieser Geschmack der Stille, eine Süße, die bleibt. Und keine Stimme mehr, die dich beurteilt und verdammt, die dich klein macht und dir den letzten Nerv raubt. Und wenn doch hier und da ein Gedanke auftaucht, ist es meist ein wohltuender Gedanke ... er macht dich leicht.

Wie stellen die Dinge sich dir in dieser Leichtigkeit und im Augenblick dar – du, andere, Objekte, Ereignisse?
Für mich liegt die große Veränderung darin, dass das Subjekt im Objekt aufgeht und das Sehen allumfassend wird. Es ist das Erscheinen dessen, was im Vordergrund ist, dieses so vollkommen reinen Sehens. Es ist nicht mehr so, dass *du* hörst, es ist nicht

mehr so, dass jemand hört, denn in diesem Raum vereinigt sich alles, schmilzt alles in den Hintergrund ein. Das hat sich grundlegend geändert, und so sehe ich es jetzt. Ja, vierzig Jahre lang hat es Subjekt und Objekt und eine Beziehung dazwischen gegeben. Und dann auf einmal sind Subjekt und Objekt nicht mehr zu unterscheiden. Aufgrund dieser Erscheinung, »dieser Sache« im Vordergrund, schmilzt die Erinnerung, die Person, in die Gesamtheit des gegenwärtigen Augenblicks ein.

Dann ist das, was ich »die Welt« nenne, ein verschmolzenes Ganzes, der Hintergrund?
Es gibt »diese Sache« – und alles Übrige.

Alles Übrige ist wie eins? Ein Ganzes?
Vor allem Einheit, und dadurch erscheint das Ganze.

Und in diesem Ganzen gibt es keine getrennten Objekte mehr?
Nein, da gibt es keine Trennung mehr. Es ist eine Nicht-Beziehung. Wie soll ich sagen? Da ist »diese Sache«, und dann sind da mein Körper, meine Gefühle oder meine Gedanken, und sie sind mit allem Übrigen verschmolzen, mit dem Vogelzwitschern, mit dem Wind auf der Haut. Mein Körper, mein Empfinden sind besonders nah, aber doch mit allem anderen verschmolzen – und alles zusammen im Hintergrund.

Und wie nimmst du die anderen ringsum wahr?
Da ist Verschmolzenheit. Es ist wirklich witzig, mich so reden zu hören. Aber gut: Ich nehme andere so wahr wie mich selbst, nämlich im Hintergrund, darauf komme ich immer wieder zurück. Sie sind da, ohne da zu sein. Sie sind in den Hintergrund gerückt wie ich, wie mein Körper, wie alles, was ich je zu sein geglaubt habe.

Aber wie nimmst du jeden als Einzelnen wahr? Du nimmst doch nicht einen wie irgendeinen anderen wahr oder wie du mich wahrnimmst.

Wir hatten uns an einem Teich auf eine Bank in der Sonne gesetzt. Der Hund tollte durchs Gras, immer irgendwelchen aufregenden Spuren nach. Die Luft war erfüllt vom Gesang der Amseln, vom Tschilpen und Zwitschern der Spatzen und Bachstelzen. Die Stille war mit von der Partie, eine Minute, dann fünf, dann fünfzehn …

Weißt du deine letzte Frage noch?

Ja, wie du andere wahrnimmst.

Ich spüre vor allem das, was mir am nächsten ist, also meinen Körper, die Empfindungen im Körper, das ist am intensivsten. Das ist genauso im Hintergrund wie irgendein anderer Mensch, aber es ist mir eben am nächsten. Und je nach Situation kann dieses Gefühl in der Gegenwart mancher Leute stärker sein als bei anderen. Aber dazu läuft kein Kommentar, es kommen keine Gedanken wie: »Wenn das Gefühl hier stärker ist, muss ich dies sagen oder das tun.« Da ist das, was sich abspielt, fertig. Ich nehme meinen Körper, meine Empfindungen, meine Gedanken wahr, und das ist mit allem verschmolzen, mit dem anderen, mit allem, was sich im Augenblick tut.

Dieses Empfinden, diese konstante Präsenz verhindert, dass du in die Falle der Komplizenschaft mit deinem eigenen Denken oder sogar mit den Gedanken anderer tappst. Aber zu sagen, wie ich sie sehe … Ich sehe sie wie mich, ganz einfach. Was ich an ihnen wahrnehme, hat nicht den geringsten Einfluss auf »diese Sache«, die im Vordergrund steht, es ändert keinen Deut an der Stille. Und was dann jeweils getan wird, gesagt wird, das wird eben getan und gesagt, ist aber nicht Ergebnis eines Erkennens, eines Verstehens.

Es nimmt nicht die Form eines persönlichen Verstehens an. Du kannst nichts davon wirklich dir zuschreiben. Es ist eine spontane Geste, die aus keinem Erkennen hervorgeht, die aus der Situation hervorgeht?
Ja. Du bist da, du fühlst, du lässt dich ein auf das, was sich gerade tut, und irgendwann sieht es so aus, als würdest du handeln, sprechen, auch wenn du dich in Wirklichkeit nicht einmischst, du reagierst nicht, du hast keine Meinung und nichts zu sagen. Du lässt dich nicht auf deine persönliche Geschichte ein, deine angeblichen Leiden – wie also könntest du auf die Geschichten anderer wirklich einsteigen?

Du siehst ihre Schönheit, ihre Freiheit hinter den seelischen Leiden?
Nicht ihre Schönheit, nein, das meine ich nicht. Es ist eher die Stille, die Schönheit dieser Stille im Innern. Eine Art inneres Lächeln. Du nimmst den anderen aus diesem Lächeln heraus an, das ist alles. Äußerlich mag es dann zu einer Geste kommen, vielleicht fällt ein Wort, aber es ist von Stille durchdrungen und durch die Stille wirkt es. Es ist dieses innere Lächeln, das auf den anderen wirkt, ohne dass etwas gesagt oder getan werden müsste.
Die Stille weiß. Und die Stille ist es auch, die tut. Sie war immer da, auch wenn ich sie nicht wahrgenommen habe. Sie ist vor allem da, was sich je in irgendeinem Augenblick zeigen kann. Sie lässt mich erleben, was ist.
Ich vertraue vollkommen auf diese Stille im Unsichtbaren.

INS GRENZENLOSE

Diesmal traf ich Yolande am frühen Nachmittag im la Grenouillère. Duft von Farn und Humus, von frisch gepflügtem Boden und Harz lag in der Luft. Im Restaurant war alles für den Abend vorbereitet, und wir zogen gleich los. Der Hund hechelte voraus.

Wie schön es war, in der milden Aprilluft über die Felder zu streifen! Das grüne Laub, die braune Erde, die im zärtlich streichelnden Wind wogenden Gräser. Worte und Schweigen folgten dem Rhythmus der Schritte. Wir nahmen den Rundweg, den ich ganz besonders mag. Er führt an einer Reihe von Villen mit wunderbarem Baumbestand vorbei, dann an einer alten Bahnlinie, von der aus man auf beiden Seiten die Berge sieht.

Die Bäume trugen zartes Frühlingslaub und es floss ein gurgelnder Bach, der später in einen Teich mündete, in dem sich Enten aller Art tummelten, dazu ein Schwarm Sittiche, drei Papageien und ein Pfau. Was für ein geschwätziges Treiben! Diese Stelle war für mich immer wieder ein Ort des Friedens und der Verzauberung.

Wir hielten uns da ein Weilchen auf, bevor wir den Weg weitergingen, der sich jetzt schnurgerade vor uns erstreckte und kein Ende erahnen ließ. Er schien ins Grenzenlose zu führen. Immer wenn wir ihn gingen, bemerkte ich an mir die gleichen »Symptome«: das Herz ging auf, die Schultern senkten sich, der Atem nahm die Weite auf, und der ganze Körper gab sich dem hin, ohne zu wissen, warum oder wie. Eine heitere Ruhe ergriff mich, eine stille Freude, eine Fülle.

Genau in diesem Moment sprach Yolande die Fülle der Stille an.

4
ES GIBT KEINEN GRUND, DEIN LEBEN ZU BEDENKEN

»Es gibt etwas, das über dem geschaffenen Sein der Seele ist und an das kein Geschaffensein [...] rührt. [...] Es ist eine Fremde und eine Wüste und ist mehr namenlos, als dass es einen Namen habe, und ist mehr unerkannt, als dass es erkannt wäre. Könntest du dich selbst vernichten nur für einen Augenblick, ja, ich sage, selbst für kürzer als einen Augenblick, so wäre dir alles das eigen, was es in sich selbst ist.«

Meister Eckhart

Am Anfang steht die plötzliche Feststellung, dass da etwas geschieht, etwas Unvorstellbares. Du siehst alles anders, du empfindest alles anders. Später ist es dann eher so, dass du die Dinge nach und nach erfährst. Eine stille Verwandlung findet statt, das Erkennen kommt dir in kleinen Schritten, eine zunehmende Klarheit über das, was sich da abspielt in »dieser Sache«, dieser Stille. Du bekommst den Eindruck, dass du sehr viel lernst, aber nicht weißt, wie du es in Worte fassen sollst. Es ist, als würde dich die Stille in diesen Dingen unterweisen, aber nur für dich, nicht damit du davon sprichst. Sie lehrt dich, sie gibt dir Gelegenheit, dich zutiefst kennenzulernen und alles zu erkennen, was sich ereignet, aber es ist nahezu unmöglich, Worte dafür zu finden.

Manchmal, wenn ich allein bin und diese Intensität kommt und ich von diesem Glücksgefühl überflutet werde, das so voller Lebendigkeit, so voller Empfindungen ist, kommen mir auch Worte. Sie sind deutlich, sie sind klar. Sie bringen mit absoluter Treff-

sicherheit zum Ausdruck, was mir da im jeweiligen Augenblick gerade vermittelt wird. Aber später dann, wenn ich mich jemandem mitzuteilen versuche – nichts mehr, keine Worte mehr. Es möchte nicht gesagt werden. Als wäre es für meine Unterweisung da, aber nicht um weitergegeben zu werden. Manchmal fühle ich »diese Sache« sogar, wenn jemand da ist, und wenn ich sie dann mitteilen möchte, geht es nicht: keine Worte.
Mit der Zeit habe ich gelernt, damit zu leben. Meine Sensibilität, meine Wahrnehmung der Dinge, die Visionen, die durch mich hindurchgehen, die Empfindungen – eine Menge Dinge haben sich in mir entwickelt. Und alles, was geschieht, bestätigt mir nur immer wieder aufs Neue, dass ich nicht versuchen soll, anders zu sein.

Anders als was?
Anders, als »diese Sache« mich in jedem Augenblick haben will.

»Diese Sache« entscheidet das?
Du bist gänzlich in diesem Sehen, in diesem Wahrnehmen der jeweiligen Situation, aber du denkst nicht, du mischst dich ein. Du kannst nichts anders machen. Alles erscheint dir so richtig, so voller Zauber, alles ist so gut in diesem Fluss, dass du dich nicht einmischen möchtest.

Könntest du, wenn du wolltest?
Am Anfang habe ich mir das sehr genau angesehen – nein, ich konnte nicht. Es ist wie mit dem Denken. Anfangs habe ich es versucht. Ich habe mir gesagt, ich sollte vielleicht aktiv werden, Pläne schmieden, Projekte entwerfen wie früher. Ich habe es versucht. Ich konnte nicht. Die Stille, diese Intensität, ließ es nicht zu.
Wie ich früher nicht aufhören konnte zu denken, selbst wenn ich wollte, so kann ich heute zu denken versuchen, und es geht nicht.

So einfach ist das. Alles ist einfach. Alles ist ruhig. Alles ist neu und bleibt ohne Kommentar. Ein Augenblick erscheint und stirbt. Dann wieder einer. Du gehst vollkommen im Augenblick auf.
Vom Waldrand aus sehen wir unterhalb die Weinstöcke in dichten Reihen stehen und ihre Ranken recken, hier und da schon eine Ahnung von Grün. Wir gehen schweigend an ihnen entlang, bis wieder Worte kommen, als stiegen sie aus der Landschaft auf.

Du hast von einer »stillen Verwandlung« gesprochen. Kannst du darüber noch mehr sagen?
Mit diesem Sehen, diesem plötzlichen Umbruch, ist nichts zum Stillstand gekommen. Im Gegenteil, die Verwandlung geht weiter. Zuerst hat sich das Empfinden verfeinert, das Empfinden dieser Intensität, der Energien, die kommen und gehen, und auch der Visionen, der mitunter damit verbundenen Besuche. Und dann ist da dieses Sich-Lassen, sich mehr und mehr »dieser Sache« zu überlassen, die dich dies oder das machen, dies oder das sagen oder eben schweigen lässt. Du willst immer weniger, du lässt dich immer mehr einfach sein. Dieses Sehen, »diese Sache«, lässt dich alles so intensiv tun, dass du gar nicht anders kannst, als dich zu lassen. Es gibt keinen Grund, dein Leben zu bedenken; du siehst zu, und die Dinge tun sich unaufhörlich von selbst, immer in dieser Intensität und jeden Augenblick anders. Und du überlässt dich dem mehr und mehr, du vertraust dich immer mehr an, da sich ohnehin alles von selbst tut.
Und dann diese zunehmende Klarheit ...

Diese Klarheit?
Ja. Da besteht diese tiefe Gewissheit, die sich immer weiter klärt. Es ist die Überzeugung, dass es diese Präsenz ist, die der Welt zu erscheinen erlaubt. Alles Erscheinende, alles Existierende ist nur vorhanden, weil »diese Sache« da ist. Alles, auch Yolande, auch die fünf Sinne, der Baum, die Berge, all die scheinbar äußeren

Dinge und Ereignisse, aus denen die sogenannte objektive Welt besteht – diese Präsenz umfasst das alles. Durch sie können alle Dinge sein.

Das war nicht von Anfang an so klar. Manches war sofort klar, zum Beispiel dass du nicht mehr an deinen Gedanken, Gefühlen und Erinnerungen hängst. Aber dein Körper oder die Objekte ringsum, die hast du immer noch als real gesehen, als besäßen sie eigenständiges Sein.

Inzwischen wird das alles immer offensichtlicher und so viel einfacher: »Diese Sache« umfasst schlicht und einfach alles. Die gewordene Welt und alles Erscheinende, alles ist »diese Sache«. Es ist so offensichtlich, dass es dich mit unglaublicher Wucht trifft. Wenn du das spürst, fühlst du dieses Sich-Lösen von allem, diese tiefe Überzeugung. Du weißt, dass »diese Sache« da ist und alles Übrige nur erscheint und verschwindet, im Hintergrund, so schnell, dass es die Augen nicht sehen. Was früher wirklich war, ist es nicht mehr; du kannst dir damit nichts mehr antun; dieses Hängen daran gibt es nicht mehr; es ist so weit im Hintergrund, dass die Dinge eine ganz andere Realität annehmen.

Ja, anfangs bekundet sich »diese Sache« als eine tiefe Ruhe. Sie ist es, die dich nach und nach von allem ablöst. Alles wird klarer und klarer. Und dann kommen Augenblicke von so gleißender Offensichtlichkeit, dass Glaubensgewissheiten in ganzen Brocken abfallen. Man sagt sich: »Ja, aber trotzdem, der Körper ist doch real« – und auch das ist auf einmal weggewischt.

Anfangs dachte ich, »diese Sache« sei tief in meinem Inneren. Inzwischen sehe ich, dass sie nicht in mir ist, sondern überall. Sie ist alles. Es gibt nichts anderes, nichts, was nicht sie ist. Es gibt nichts mehr, worüber man sich Sorgen machen und woran man sich klammern müsste.

Was ist eigentlich diese tiefe Überzeugung oder Gewissheit – ein Glaube, eine Wahrnehmung, eine Schlussfolgerung?

Totaler Glaube an das, was du siehst, allerdings nicht mit den Augen und nicht mit einem der anderen Sinne. Er ist also keine Sinneswahrnehmung. Er ist auch keine Schlussfolgerung. Wenn du mit dieser tiefen Überzeugung siehst, wird dir klar, dass du nichts von dem bist, was du zu sein geglaubt hast, und das Ich schafft es nicht mehr, sich neu zusammenzusetzen. Und je klarer das wird, desto mehr merkst du, wie alles Gewordene, auch die Bäume und alles angeblich Reale aus dieser »vorgelagerten« Sache kommen, aus dieser reinen Wirklichkeit.

Ich habe manchmal den Eindruck, dass diese wachsende Klarheit an den Punkt kommt, wo nichts mehr zu sagen sein wird, so einfach ist alles.

Es kann noch vorkommen, dass ich an etwas festhalte und wieder sage: »Also, das da, das existiert wirklich.« Aber nein, auch das ist im Verschwinden begriffen.

Du hast festgehalten?

Festgehalten, ohne festzuhalten. Das ist jetzt knifflig, wie kann ich das ausdrücken? Sagen wir, es gab noch kleine Verwechslungen. Ich dachte, diese stille Verwandlung bestünde darin, dass ich die Worte, die Sätze, die Gefühle immer stärker erleben würde, doch dann fand ich heraus, dass auch all das noch zum Gewordenen gehört, ein Teil der Welt, die in »dieser Sache« erscheint. Alles einschließlich der Gefühle existiert nur im Hintergrund.

Hast du den Eindruck, dass diese wachsende Klarheit die Reste von Widerstand in dir ausbrennt?

Das stimmt, es gibt noch ein paar kleine Widerstände von der Art eines Haftens an diesem oder jenem, eines Glaubens, einer alten Auffassung von etwas. Aber die Klarheit wird immer stärker. Sie

lässt mich Zustände von unglaublicher Heftigkeit durchleben. Es ist wie die Vorbereitung auf eine noch viel reinere Klarheit, die keinerlei Halt mehr bietet.
Widerstände sind eigentlich der Wandel in seinem Vollzug. Und diese Klarheit, die kann mich eigentlich nur dazu bringen, einfach zu leben, was eben zu leben ist, eine reine Klarheit, in der nicht einmal mehr Anlass besteht, etwas zu ändern. Ich weiß nicht. Ich weiß wirklich nicht, wohin mich das führt.

SCHREIBEN WIR DOCH EIN BUCH

Etwas später an diesem Tag wärmten wir uns in der kleinen Wohnung über dem Lokal mit einem Kaffee auf, die eine im Schaukelstuhl, die andere auf den Stufen der Treppe zum Zwischengeschoss, der Hund zu unseren Füßen eingerollt. Um uns war im langsam hereindämmernden Abend eine nur dann und wann von einem Satz unterbrochene Stille.

»Gemeinsame Arbeit hat etwas, das die Dinge in Bewegung bringt«, hatte Yolande gesagt. »Diese Fragen lassen mich genauer hinsehen und stellen mir die Aufgabe, möglichst klar zu formulieren – ich finde das sehr bereichernd. Man könnte meinen, dass es auch eine Rolle für den Grad der Klarheit und ihren Ausdruck spielt.«

An diesem Abend mit seinem tiefen Einverständnis kam uns zum ersten Mal die Idee zu einem Buch. Keine Richtungsvorgabe, kein Projekt, bloß nicht. Wir würden uns Zeit lassen. Wir würden uns treffen, sprechen, den Dingen nachgehen und Material sammeln, wie wir es jetzt schon seit Wochen taten. Uns vom Leben leiten lassen. Und zusehen, was sich mit der Zeit von selbst zeigen mochte.

5
EINE BERÜHRUNG DES HERZENS

»Der vollkommene Weise reitet das Licht und achtet nicht auf das, was Form ist. Das nennt man ›strahlen‹, man nennt es ›den Ursprung des Lebens erlangen‹ – alle Sinneswahrnehmungen sind überwunden. Er hat teil an der Freude des Himmels und der Erde und erinnert sich nicht einmal mehr, je an die Welt der zehntausend Dinge gefesselt gewesen zu sein.«

Ko Hung

Kannst du mir etwas über diese Empfindung erzählen, die du gelegentlich erwähnt hast, die fast wie eine Berührungsempfindung ist?
Es ist ein Gefühl, das dich nicht verlässt, wie eine Berührung in der Herzgegend, aber zugleich auch eine ganz umfassende Empfindung. Sie ist ständig da, bei allem, was du im Wachzustand tust, und sie zwingt dich, deine Aufmerksamkeit zu teilen. Solange du tätig oder von Leuten umgeben bist, kann sie ganz sacht sein, nur so ein Gefühl, dass da etwas ist. Wenn du nichts zu tun hast und alles ruhig ist, nimmt sie mehr Raum ein, und kaum entspannst du dich, nimmt sie alles.

»Sie zwingt dich, deine Aufmerksamkeit zu teilen«, sagst du.
Dieser neue Blickpunkt ist immer da, diese erfüllte Leere, diese Stille, mal intensiv, mal eher mild, aber immer vorhanden. Die erfüllte Leere ist das, was alles sieht. Sie sieht, was außen zu sein scheint – Dinge, Leute – und alles Innere, also die Gedanken, die Gefühle, die Regungen der Seele noch vor den Gedanken.

Wenn die Stille ganz dicht wird, siehst du die Dinge, wie sie sind, ohne sie auch nur zu benennen, so total ist die Stille. Der Baum ist dann nicht die Idee »Baum«, die Wahrnehmung der Berge geht nicht durch den Filter des Begriffs »Berge« – da ist nichts als Empfindung, Schwingung. Es kommt auch vor, dass Dinge benannt werden, aber die Aufmerksamkeit bleibt aufgeteilt zwischen dem Erscheinenden und den von ihm hervorgerufenen Gedanken einerseits und diesem Sehen, das sieht, andererseits. Das Benannte wird gefühlt, nicht gedacht. Es ist erfüllt von dieser Schwingung.

In ruhiger Umgebung, wo nicht viel los ist, wo du nichts zu tun hast und niemandem zuhören musst, wendet sich die Aufmerksamkeit ganz nach innen, auf die Stille und das begleitende energetische Geschehen. Sie sind gegenwärtiger, lebendiger, intensiver, sie nehmen allen Raum ein.

Alles hängt also davon ab, was dir das Leben jeweils präsentiert. Und ob es sich eher innen oder eher außen abspielt, es ist immer »diese Sache«, die da macht, was sie will, und dich tun lässt, was sie will. Nicht du entscheidest das.

Kommt es vor, dass es dich mitreißt, dass es dich regelrecht dem entreißt, was du gerade tust, oder dem Zusammensein mit anderen?

Eben weil es mich mitreißt, sehe ich diese Bewegung, die Gleichzeitigkeit »dieser Sache« mit allem, was erscheint. Aber das bringt mich nicht zum Stillstand und es entreißt mich nicht dem, was gerade vorgeht.

Da ist dieses tiefe Gefühl, dass du nicht da bist, obgleich du dich ja siehst im Wachzustand. In dieser erfüllten Leere besteht diese fortwährende Empfindung in der Herzgegend, als würdest du dort berührt, körperlich berührt. Diese Berührung verlässt dich nie, auch nicht, wenn du beschäftigt bist, auch nicht im größten Trubel, umgeben von vierzig Freunden. Diese fortwährende Berührung erlaubt dir nicht, dich mit deinem Denken, deinem Fühlen zu identifizieren. Daher dieser tiefe Eindruck, dass da keine Person ist. Daher auch dieses Empfinden, das ein Sehen wird, ein Tun wird.

Hat also dieses Empfinden, von dem du sprichst, nichts mit dem zu tun, was wir gemeinhin so nennen, mit Körperempfindungen? Bedeutet das für dich überhaupt noch etwas – eine Körper-Empfindung?

Es bedeutet etwas, sofern wir hinzufügen, dass es zu den drei Welten gehört, den drei Zuständen: Wachzustand, Traum und Schlaf. Aber »diese Sache«, die sieht, die fühlt, ist jenseits der Sinne, jenseits der Zustände. Durch sie bin ich auf diese Intensität gestoßen, dieses Empfinden, das für mich über die Sinne hinausgeht.

Aber auch bei den normalen Sinnen ist es so, dass ich merke, wie sie sich entwickeln und feiner werden. Damit will ich sagen, dass ich die Dinge stärker und zugleich subtiler spüre und wahrnehme als früher. Ganz abgesehen von all den Empfindungen, von denen man sagen müsste, dass sie über die Sinne hinausgehen.

Wenn du sagst, dass du die Dinge stärker empfindest, was meinst du da? Einen Duft? Ein Gefühl? Die Schönheit des Himmels? Alles?

Ja, alles, und mit einer bisher nicht gekannten Intensität, die sich ständig ändert. Und nicht *du* bestimmst über die Intensität. Sie kann über dich kommen, wenn du allein im Bett liegst, dein Körper lässt sich dann von Energien aller Art erfassen, von Ekstasen durchdringen; oder vor der Schönheit des Himmels und natürlich auch im Zusammensein mit anderen. Immer spürst du die Dinge tausendmal, zehntausendmal stärker, und du weißt nicht, woher die Veränderungen dieser Intensität kommen.

Diese Dinge, die du spürst, nennst du sie nach wie vor Freude, Angst, Traurigkeit, Neugier – oder ist das alles ohne emotionale Färbung?
Es wird anders gefühlt als früher. Es wird nicht mehr benannt. Ich staune über diese Intensität, die Freude mit sich bringt, aber es ist keine Freude, in der du Luftsprünge machst. Es ist eine innere Freude, in der du nichts weiter brauchst als das, was sich gerade zeigt – du brauchst nichts weiter als »diese Sache«, um dich ... lebendig zu fühlen.

Ist »lebendig« ein Körpergefühl?
Ja *(zögert)*. Jedenfalls ist es im Körper. Selbst wenn ich meinen Körper dann oft nicht spüre, bleibt doch die Wahrnehmung dieser Energie im Innern, die sich ständig ausbreitet und je nach Situation noch stärker werden kann. Es ist ein solches Wohlgefühl, solche Leichtigkeit, eine solche Freude, dass du gar nicht anderswo sein könntest als hier. Genau, diese Intensität lässt dich nicht anderswo sein, im Gestern, im Morgen, in diesem oder jenem Gedanken. Anderswo als im Augenblick sein – ich kann es versuchen, aber es geht nicht.

Diese Freude, ist das durchweg Freude und Stille und Leben? Sind das die Grundqualitäten? Freude ohne Gegenteil, auch wenn mal eine traurige Regung aufkommt?
Ja, denn selbst in schwierigen Augenblicken – eine Erkältung, ein Missbehagen, ein Trauerfall –, wenn du dich dabei zutiefst wohl fühlst, obwohl du das Unbehagen, die Wellen der Traurigkeit oder sonst etwas wahrnimmst, dann musst du innerlich lachen: kaum zu glauben, dass dich so etwas nicht stärker mitnimmt! Leichtigkeit, ja. Da ist etwas Intensives, etwas Einfaches, das dir so neutral zu sein erlaubt. Genau so ist Freude. Du spürst dich, und es ist neutral. Es ist intensiv, aber neutral. Du könntest dich weder glücklich noch unglücklich nennen. Psychologisch gese-

hen bist du tot, aber zugleich empfindest du etwas, das du dein ganzes Leben noch nicht empfunden hast. Du fühlst dein Herz schlagen, das Blut in den Adern, ein Pulsieren in den Zehen. Die organischen Wahrnehmungen sind millionenfach feiner, und sie sind immer da, zusammen mit den energetischen Schwankungen. Kurz, du fühlst dich lebendig, lebendig wie nie zuvor.

Ganz erstaunlich finde ich, wie dieser Körper sich ganz von selbst entwickeln kann, offen wird für immer feinere und immer stärkere Empfindungen. Ein zunehmendes Feingefühl tritt nach und nach zutage. Das ist wirklich allerhand, diese Möglichkeit, das alles zu entdecken. Es ist das Schönste überhaupt. Nichts im Äußeren kommt dem gleich. Wie könnte man anders, als sich zu verlieben?

Aber das Schönste ist doch die Stille im Innern. Durch sie kann ich alles voll und ganz erleben.

Vorhin hast du von einem Empfinden gesprochen, das ein Sehen und ein Tun wird. Kannst du dazu noch etwas sagen?

Stille breitet sich aus, zieht sich hin. Vor der Bank, auf der wir sitzen, kräuselt sich das Wasser im Wind. Der Hund rennt blaffend einer Ente nach, die sich unklugerweise am Ufer aufhält. Feuchte Gerüche liegen in der Luft. Alle Dinge sind in ihrer scheinbaren Regungslosigkeit von bebender Lebendigkeit. Wie tastend fährt Yolande fort:

Wenn du zu sehr nach dem Wie und Warum forschst, ist es so, als würde »diese Sache« das nicht wollen. Sie zeigt sich als Intensität, eine zunehmende Energie, die in den Körper einströmt und den Kopf zum Schweigen bringt. Sie ist stark, sie besitzt Macht. Dann bleibt nichts als Stille. Denken ist unmöglich.

Ich empfinde das hier besonders stark, es steigt auf ... ungefähr so *(deutet mit den Händen eine Bewegung den ganzen Körper hinauf an, den Körper einhüllend und über ihn hinaus).*

Wo waren wir eben?

Bei dem Empfinden, das Sehen wird und Tun wird.

Immer in dieser Empfindung zu sein, lässt nicht zu, dass man im Kopf ist. Was sieht, ganz direkt, ist also eigentlich dieses Empfinden.

Es lässt dich nicht los, es ist da, überall und jederzeit, und dadurch hebt es dich auf eine andere Ebene. Du bist wirklich die ganze Zeit in diesem Empfinden, immer, immer. Es ist, wie ich gesagt habe, ich habe den Eindruck, dass jemand mein Herz berührt. Verrückt, nicht? Ich war sogar einmal beim Kardiologen. Was kann das sein, dieses Gefühl an dieser Stelle da? Offenbar war es gar nichts.

Es ist, als würde diese Empfindung – vielleicht keine Berührungsempfindung, sondern das Gefühl einer Präsenz – dich in das hineinstellen, was wirklich da ist. Nicht in das, was deiner Ansicht nach vorliegt, sondern in das, was wirklich da ist, jetzt. Dieses Empfinden also gibt dir die Klarheit, diese Fähigkeit, die Dinge zu sehen, wie sie sind, und nicht wie sie deiner Meinung nach sein sollten.

Es ist eine Empfindung, das Gefühl einer Präsenz, einer spontanen, wie angeborenen Überzeugung, die von innen kommt und ständig da ist. Auch im Wachzustand, wenn die Aufmerksamkeit geteilt ist, ist sie da. Wenn ich mich hinlege, nimmt diese Empfindung allen Raum ein, sie dehnt sich aus, sie breitet sich überallhin aus, auch über mich hinaus, manchmal sogar in einem Ausmaß, dass der Körper sie kaum noch tragen kann, so unglaublich stark ist sie.

Ja, damit fängt es immer an.

Diese Empfindung, sagst du, wird auch Tun und nicht nur Sehen.

Ja, es kommt zum Tun, weil du siehst und sich dir dann eine Aktion zeigt – du handelst von dieser Empfindung aus. Wenn du in deinem Kopf bist, zwingt dich das geradezu zu reagieren, sei es durch Aktion oder durch Untätigkeit ... aber in diesem Fließen ist einfach Aktion, ungefiltert.

Dann besteht das einzige Hindernis im Leben in dem Gedanken, eine Person zu sein – zu meinen, ich sei verschieden von dem, was sich gerade zeigt.

Ja, es besteht in dem Glauben an den Gedanken, der uns sagt, wir seien jemand. Dann sind wir ganz von diesem Jemand absorbiert, von dieser Idee eines Jemand, bis wir schließlich die Realität nicht mehr sehen.

Aber die Realität, wie du sie siehst, diktiert dir diese Geste oder jenes Wort. Ohne den Filter machst du spontan diese Geste oder sagst dieses Wort.

Ja. Du siehst, dass die Dinge sich von selbst tun, ohne dass man sie bedenken muss. Ohne das Gedankliche siehst du, dass Leben einfach dieses Fließen ist, einfach Aktion. Es ist zwecklos, die Dinge herbeidenken zu wollen.

Leben ist nichts als Bewegung, und oft schneidet der Ich-Gedanke die Bewegung ab.

Das Leben muss nicht bedacht werden. Es muss nur gesehen werden, dann geschieht alles Weitere von selbst.

Das bloße Sehen, das Fühlen des Lebens – daraus ergibt sich die Geste.

Das bloße Sehen ... macht. Du siehst dieses Fließen geschehen.

SPRICH MIR VON DER LIEBE

Ein Glück kommt selten allein. Mein Leben, das mir vor kurzem noch wie ein langer finsterer Tag erschienen war, hatte durch die Begegnungen mit Yolande Einsprengsel von Leichtigkeit bekommen. Und siehe da, eine Ahnung von Liebe klopft an mein Fenster.

Ich hatte gezögert, mein aufkeimendes Geheimnis mitzuteilen. Schließlich, kurz vor dem zweiten Rendezvous, rang ich mich dazu durch. Yolande lächelte und sagte nichts. Hatte sie nicht selbst erst vor zwei Monaten am Ende unserer Wiederbegegnung munter getönt: »Alles ist gut. Jetzt brauchst du dich nur noch zu verlieben!«? Und das habe ich, so gut wie.

Als wir uns an diesem Abend trennten, fragte sie im Hinblick auf den folgenden Tag hintersinnig: »Du gehst nachsehen, ob die Intensität da ist?«

Ja, ich habe nachgesehen. Und mit glitzernden Augen bin ich Yolande dann wieder begegnet.

Worüber werden wir wohl an jenem Nachmittag unter der Laube gesprochen haben?

6
LIEBE BRAUCHT NICHTS

»Man kann nur im Augenblick frei sein,
denn es gibt nichts anderes als den gegenwärtigen
Augenblick. Sich zu sagen: ›Ich will für immer frei sein‹ –
das ist Angst. Als wollte man einen Mann, einen treuen
Geliebten, einen Hund für immer haben, als wollte man
immer jung sein und immer Geld haben ... Nein, Sicherheit
gibt es nicht. Das ist das Schöne am Leben.«
Eric Baret

Nicht-Beziehung ermöglicht Beziehung. »Diese Sache« im Innern ermöglicht Liebe, *ist* Liebe. Die Psyche ist das Hindernis. Sie will, dann will sie nicht, sie lockt, sie stößt zurück, sie berechnet, sie misst. Sie kennt keine Liebe. »Diese Sache« zu hören, in uns, das ist es, was Liebe ermöglicht.
Ich habe keine Beziehung mehr zu der Person Yolande. Deshalb sage ich, dass Nicht-Beziehung eine Beziehung zulässt, die mehr Wahrheit hat, als wenn zwei Beziehungen – die jedes Einzelnen zu sich selbst – eine Verbindung eingehen möchten.

»Nicht-Beziehung ermöglicht Beziehung« – heißt das, die Liebe zwischen zwei Menschen ... ist gar nicht Liebe?
In der Liebesvereinigung tritt man in Beziehung zur Nicht-Beziehung in sich selbst. Und in dieser Nicht-Beziehung, »dieser Sache«, lebt die Liebe. Das ist der Kontakt, der uns sagen und fühlen lässt: »Ich bin verliebt.« Damit hat der andere nichts zu tun. Du auch nicht. Und die Beziehung zwischen den beiden ebenfalls nicht. Vielmehr schafft der Raum der Nicht-Beziehung

diese Liebe und alle Liebe. Es ist sogar so, dass sie alles erschafft, Augenblick für Augenblick.

»In der Liebesvereinigung tritt man in Beziehung zur Nicht-Beziehung in sich selbst« – kannst du das noch näher erläutern?

In der Liebesbeziehung gibt es Augenblicke der Selbstvergessenheit, der innigen Nähe – und die sind diese Verschmelzung, diese Ungetrenntheit. Das Problem beim Verliebtsein liegt darin, dass du dich in ein Objekt, eine Person verliebst; das bringt dich in eine Beziehung zu dir selbst und dann zum anderen, und du kannst an nichts anderes als das mehr denken, an nichts anderes als diesen Menschen – und dadurch entgeht dir das Eigentliche. Ebendiese Leidenschaft sollte auch dieser unsichtbaren Sache gelten, die dir eine Nicht-Beziehung zu dieser Person hier erlaubt, die du »ich« nennst, aber auch zum anderen. Sie lässt dich die Intensität des Augenblicks noch stärker empfinden als die Beziehung selbst.

Wenn du dich in jemanden verliebst, vergisst du dich, die Verschmelzung geschieht, alles ist schön, alles ist rosig – du vergisst dich. Na, so sollte es sein, aber eben für »diese Sache« und ständig. Sich in dieses Unsichtbare verlieben ... Da finden die wahren Begegnungen statt, und sie sind schön, sie sind intensiv, sie sind im Augenblick. Aber verliebt bist du eigentlich in diesen Raum und von da aus in alles Übrige.

»In das Unsichtbare verliebt« oder »in ›diese Sache‹ verliebt« – ist das etwas ganz anderes als das übliche Verliebtsein? Unabhängigkeit vom Objekt der Liebe, das schon ...

Ich glaube, es ist der gleiche Zustand. Aber solange du einen anderen siehst, glaubst du, es kommt vom anderen. Weil der andere da ist, glaubst du, du kannst dich vergessen und alles andere vergessen. Dabei ist es dieser durchgängige innere Zustand, der sich urplötzlich offenbart, weil es zu einer echten Begegnung mit jemandem oder zu einer echten Begegnung mit dir selbst gekommen ist. Es ist die Liebe, die sich in die Liebe verliebt.

Demnach glaubt man, man sei in jemanden verliebt, aber man verliebt sich in die Liebe.

Allerdings.

Es ist, als könnten bestimmte Wesen, bestimmte Dinge – Schönheit zum Beispiel und alles, was besänftigend wirkt – uns dazu bringen, uns selbst zu vergessen, so dass wir kein Hindernis mehr für die Liebe sind, die den Raum hinter allem bildet. Und deswegen sind wir unser Leben lang auf der Jagd nach Dingen, Liebschaften, Kunstwerken, Landschaften ... Wir suchen diesen Raum!

Solange die Liebe dich noch nicht gefunden hat, ja. Ich habe früher gedacht, ich könnte diese Liebe bei einem Mann finden oder bei meinem Sohn. Immer habe ich das geglaubt, bis mich »diese Sache« gepackt hat und ich mich ihr vollkommen überlassen habe. Sie hat mich das Leben so anders sehen lassen, so schön, so leicht, dass ich mich in sie verliebt habe.

Ich habe die ersten Jahre einfach in der Betrachtung »dieser Sache« verbracht, und sie hat mich komplett verwandelt. Es ist, als würde ich etwas sehr Leidenschaftliches mit ihr leben. Früher habe ich geglaubt, Glück, Liebe und Wohlergehen existierten da draußen, und dann ging mir plötzlich auf, dass die Liebe gar nicht außen ist, dass sie von nichts abhängig ist, von keinem Ding, von keinem Zustand. Liebe und Glück sind hier, hier drinnen, man kann aufhören, sie draußen zu suchen.

Da ist ein Wohlwollen, »diese Sache«, die dich so lebendig, geliebt und liebevoll macht. Sie geht allem voraus. Sie ist da.

Wenn man in dieser Liebe, die allem vorausgeht, wunschlos glücklich ist, kann es dann trotzdem sein, dass man sich in jemanden verliebt?

»Diese Sache« hat einfach alles an sich gerissen, sie hat mich total gepackt, und ich bin überzeugt, dass sie alles zulässt, auch dass du dich verliebst.

Ich beobachte das seit einigen Monaten, weil ich jemandem begegnet bin, mit dem ich etwas wirklich Mitreißendes erlebe. Dabei fällt mir auf, dass nichts von dem, was dir in der sichtbaren Welt begegnet – ein Mensch, ein Objekt, ein Augenblick –, irgendeine Auswirkung auf »diese Sache« hat. Vielmehr hat »diese Sache« Macht über alles andere. Wie viel Liebe du einem Menschen auch entgegenbringen magst, »diese Sache« ist so viel stärker, so viel größer, dass nichts und niemand sie vom Thron stoßen könnte.

Es liegt sogar an »dieser Sache«, dass du überhaupt verliebt sein kannst – in alles, was sich zeigt, in alles, was dieser gegenwärtige Augenblick dir bietet. Von außen gesehen also ja, du verliebst dich. Aber innerlich weißt du, dass du schon verliebt bist, schon vergeben, schon ...

... schon in der Liebe, noch bevor das Objekt erscheint.

Ja, schon in der Liebe, noch bevor das Objekt erscheint. Du weißt, dass »diese Sache« immer da ist, auch wenn das Objekt nicht mehr da ist oder geht; sie lässt dich, auch ohne diesen Menschen, in wunschlosem Glück leben, das von nichts abhängig ist, also auch nicht davon, dass es diesen Menschen irgendwo gibt und du ihm begegnet bist.

Kurzum, ja, du verliebst dich ... aber du bist es schon ... wie soll ich sagen? In der Liebe zu »dieser Sache« und in dem Wissen, dass sie stärker ist als alles, habe ich mich ihr vollkommen überlassen. Ich vertraue mich ihr so vollkommen an, dass ich mich von ihr leiten lasse und sie es schließlich ist, die »macht«, die mich hierhin oder dorthin gehen lässt. Ich beobachte, dass sich die Sensibilität in der Nähe bestimmter Menschen derart steigert, dass die Liebesbeziehung weitaus intensiver erlebt wird. Du erlebst sie nicht mehr so wie früher.

Und wie erlebst du sie?
In der Stille bist du wie in einer erfüllten Leere, einem Nicht-Denken. Das ändert deine Haltung ein wenig, insbesondere gegenüber der körperlichen Liebe. Wenn du die Dinge nicht mehr bedenkst, sondern fühlst, kommt es zu so intensiven, so subtilen Augenblicken, dass du den anderen nur sehen, nur in seiner Gegenwart sein musst, und alles wird ein einziger Zauber. Es ist ein Zauber der Empfindungen, die du hast, ohne irgendetwas gedacht oder getan zu haben, ohne den anderen auch nur berührt zu haben, einfach durch das Zusammensein mit diesem Menschen – und sogar in seiner Abwesenheit. Das ist viel stärker als alles, was man an Liebe erfahren kann, wenn man in seinem Kopf lebt. Diese Dinge sind unerwartet, stark, mitreißend, zärtlich, alles zugleich. Ich kannte das noch nicht.

Und erlebt der andere diese magischen Augenblicke auch? Die subtilen Empfindungen, von denen du sprichst, teilen die sich mit?
Nach allem, was ich so sehe und spüre, empfindet er deutlich, dass etwas anders ist als das, was er bis dahin kannte. Wenn wir zusammen sind, stellt auch er sich nicht mehr all die Fragen der Art, die uns normalerweise kommen: »Liebt sie mich? Liebe ich sie? Was machen wir jetzt? Und was morgen?« Was man da erlebt, ist so stark, dass die Dinge ohne Zukunft bleiben können.

Als wäre das, was du erlebst, im Augenblick eures Zusammenseins ansteckend?
Diese tiefe Ruhe, die Stille, erfasst beide, ja. Man taucht in einen Zustand der Fraglosigkeit ein und lebt nur im Augenblick. Und

beide erleben diese Augenblicke stärker, kraftvoller, deutlicher, lebendiger, erfüllter, magischer, als wenn man sich Fragen stellt, sich in die Zukunft versetzt, sich etwas ausmalt. Als würde die Stille einem nicht mehr erlauben, zwei Menschen zu sein. Da ist dieser Augenblick und das ist alles.

Der Augenblick und niemand darin? Nichts als ein gemeinsames Empfinden?
Ja, als wären plötzlich keine zwei Leute mehr da.

Und das ist für dich Verschmelzung?
Es ist wie eine Verbindung, die sich selbst knüpft, eine Verschmelzung. Ja, totale Verschmelzung, du erlebst die Dinge nicht mehr wie eins nach dem anderen; und auf einmal, du weißt nicht, wie, bist du in Ekstase, ohne dass etwas Bestimmtes getan, gesagt oder gedacht worden wäre. Woher plötzlich diese Ekstase? Da gibt es keine Antwort. Sie durchfährt dich in diesem Augenblick, und das ist alles. Dann ist noch mehr Stille, noch mehr Intensität als sonst, und es hat keinen Grund. Diese Augenblicke der Ekstase in der Gemeinsamkeit auszukosten, das ist einfach unglaublich!

Wenn es diese grundlose Ekstase gibt, spricht dann noch etwas dafür, miteinander zu schlafen?
Wenn die von »dieser Sache« ausgehende Intensität Besitz von dir ergreift, bist du von einer Energie, einer Kraft erfüllt, dass dir die Worte fehlen. Und das sogar ohne Körperlichkeit, ohne Sex. Natürlich schlafen wir auch miteinander, aber das geschieht alles in diesem Fluss. Aber du bist auf nichts aus, nicht auf Sex, nicht auf Lust, nicht auf den Orgasmus. Du bist in einer Leere voller Wunder, niemand muss unbedingt einen Orgasmus haben oder den anderen berühren. Du bist erfüllt von dieser Verbindung, die einfach da ist, die sich im Unsichtbaren ereignet.

Wenn sich also irgendwann eine Geste einstellt, dann noch eine und noch eine und sie schließlich zur körperlichen Vereinigung führen, dann ist das kein »Abzielen« auf den körperlichen Akt, sondern die Geste ereignet sich und hat keine Richtung. Ist es ein bisschen so?

Genau so ist es. Du bist so ganz im Sehen des Augenblicks und dann im Fühlen, dass du alles diesem Fließen überlässt. Du kannst nichts anderes mehr tun. Du kannst nur noch alles diesem Fließen überlassen, und dann spürst du, wie alles so magisch ist, wie alles von selbst geschieht – in einem Fluss, den du nicht unterbrechen möchtest, so gut tut er.

Wenn du wolltest, könntest du ihn unterbrechen?

Das kann ich nicht, nein. Der andere auch nicht. Es ist unmöglich, sich einzumischen, du bist in einer solchen Ekstase, da kommt es vor allem darauf an, sich nicht zu bewegen. Du lässt dich völlig auf diesen Augenblick ein, auf diesen göttlichen Orgasmus, der da von dir Besitz ergreift, wie er es auch manchmal tut, wenn du allein bist – und der andere erlebt es auch so. Dann bist du da in dieser Intensität und nichts fehlt. Stunden vergehen, als wären es Sekunden. Es gibt keinen anderen mehr, es gibt dich nicht mehr, da ist nur noch eins – weil niemand mehr da ist.

Wirklich, man darf sich nicht scheuen, »diese Sache« zu lieben, weil man befürchtet, dass man sich dann nicht mehr in Menschen verlieben kann. Gerade »diese Sache« erlaubt dir, alles, was kommt, seelenruhig anzunehmen.

Sogar mit Wonne ...

Ja, diese Intensität ist lustvoll. Allein schon dass du deinen Körper durchgehend spürst, ohne Grund, ist so unbeschreiblich lebendig. Einfach weil du in diesem lebendigen Fluss bist ... Reine Seligkeit ... *(Schweigen)* Da, vom bloßen Sprechen davon wird es schon stärker.

All das erscheint also in der Nicht-Beziehung. Die Nicht-Beziehung zu dir selbst gibt dem Augenblick Raum, und in diese Nicht-Beziehung, »diese Sache«, verliebst du dich. Es ist eine Liebe, die durch nichts anderes verdrängt werden kann.

In den Augenblick verliebt?
Sicher, man könnte auch sagen, man sei in jeden Augenblick verliebt, aber eigentlich ist es »diese Sache«, in die man verliebt ist. Verliebt in dieses Vertrauen, diese Präsenz, in das, was die Welt erscheinen lässt, und das uns erlaubt, sie zu erleben, sie zu lieben, welche Tönung sie auch haben mag, schön oder nicht so schön, leicht oder nicht so leicht. Sie ohne jede Reaktion, ohne jedes Urteil zu lieben. Verliebt in diese so gewaltige »Sache«.

Was ist dann Liebe zwischen zwei Menschen, die noch nicht in dieser Ergriffenheit »verschwunden« sind?
In einer Liebesbeziehung kommt es mitunter zu Augenblicken der Nicht-Beziehung zu sich selbst, in denen man ganz in dieser Schwingung ist, dieser Stille. Darin kann man alles erleben, auch den körperlichen Liebesakt. Und diese Nicht-Beziehung, die kann ständig da sein.

Sie kann, aber meistens ist sie es nicht.
Dann sieht man sie nicht, das ist alles. Sie ist trotzdem da. Sie ist die ganze Zeit da, sie *ist* die Realität. Sieh dir einmal diese Augenblicke des Nichtwissens an, in denen die Stille über dich kommt. Du bist mit etwas fertig, du hast nichts zu tun, nichts zu sagen, nichts zu denken. Für ein paar Sekundenbruchteile – Stille. Meist geht das vorbei, ohne dass man es bemerkt, dann ist man schon wieder bei etwas anderem, einem anderen Handgriff, einem nächsten Gedanken. Und wenn du mit jemandem sprichst, fällt es dir dann auf, wenn der andere plötzlich etwas ganz Überraschendes sagt? Das ist dann ein ganz frischer, spontaner Blick

auf die Dinge, der unmittelbar aus der Stille kommt. Er trifft genau, trifft die Wahrheit, auch wenn derjenige sich dessen nicht unbedingt bewusst ist. Auch das ist ein Augenblick Realität, ein Augenblick der Nicht-Beziehung. Und das ist die wahre Wirklichkeit.

Im Allgemeinen bemerken wir diese Augenblicke der Offenheit nicht, weil wir schon wieder bei anderen Augenblicken sind, in unserer Geschichte, in unseren Gedanken, in unserer Person befangen. Da ist dann keine Tür, die sich auftut, kein Raum, der uns erlaubt, die Dinge von anderswoher, von einer anderen Warte aus zu betrachten.

Schweigen breitet sich zwischen uns aus, ohne dass wir es hätten kommen sehen. Ein Zwischenspiel von bodenloser, friedlicher Stille. Eine Minute, fünf Minuten, zehn. Worte, sogar Gedanken sind überflüssig, sie zerfasern, verblassen, kaum dass sie mich auch nur gestreift haben. Auch der Körper in friedlicher Gelassenheit wie ein Seufzer. Dann und wann wird ein Blick gewechselt. Es gibt nichts auszusprechen, so sinnlich, so wonniglich eins ist dieser Raum, in dem wir uns finden. Abgesehen vom diskreten Piepsen einer SMS auf Yolandes Handy zerreißt nichts diese unermesslich lebendige Stille.

Dann, aus diesem Raum heraus:

Auch wenn die Leute die Stille nicht unbedingt bemerken, greift sie Raum. Sie ist das Stärkste überhaupt. Sieh dir diese Nachricht an, die eben gekommen ist: »Mein Herz schlägt in Stille, und die Stille bist du.« Wunderschön, nicht?

Ich erwidere nichts.

Nichts kann mich überraschen, so erfüllt bin ich von dieser Stille. Sogar ihre »Feinstruktur« erschließt sich mir, sie ist von tiefer Verwunderung durchwoben. Alles Übrige dagegen – Piepsen, SMS und Stimme – ist wie Synchronizität, die der Gesetze von Raum und Zeit spottet. Wo wäre in diesem lustvollen Niemandsland, in dem ich mich finde und in dem dieses Ich so wenig Raum einnimmt, wo wäre da Platz für eine andere Verwunderung als das pure Staunen über dieses Dasein? Und alles in diesem Raum, in dem ich immer noch bin, hat den Geschmack des Natürlichen. Alles geschieht so ganz einfach, in einer selbstverständlichen Nacktheit, der Worte nichts anhaben. Alles ist so einfach und so einfach eins.

Erst nachher geht mir die Vollkommenheit dieser über dem Nichts und im Herzen der erfüllten Leere schwebenden Minuten auf.

Dann haben die Handgriffe wieder ihr Recht, zwei Espresso werden zubereitet, Hocker an die Bar gezogen, und das Gespräch nimmt seinen Fortgang.

Noch eine Frage ... Treue. Wenn du in der Stille lebst, welchen Sinn hat dann Treue? Wenn es, wie du sagst, die Stille ist, die dich agieren lässt und eher hierhin als dorthin führt und eher bei diesem Menschen als bei jenem sein lässt?

Ja, das stimmt, wenn es keine Erinnerung gibt und du im Augenblick lebst, bist du ganz bei dem, was da ist, bei dem Menschen, der gerade da ist. Du folgst der Intensität.

Und wie ist es dann mit der Treue? Hat diese Vorstellung überhaupt einen Sinn für dich?

Nein, keinerlei Sinn. Wem treu sein? Es ist ja niemand da. Treu, untreu, das sind Gedanken, Urteile. Und wo hätte in der Stille, die ja keine Worte hat, die Vorstellung der Untreue Platz?

Für mich ist es so, dass ich zu jedem Augenblick eine besondere Beziehung habe, zu allem, was er enthält, ob da jemand ist oder nicht. Mitunter entsteht im Zusammensein mit jemandem eine größere Offenheit und Dichte. Wenn man als Paar lebt, könnte das bereits als Untreue gesehen werden.

Ja ...

Aber wenn es zum Sex kommt ... Sicher, wenn du mit der Vorstellung lebst, du seiest Yolande, ein Name, eine Person, ein Paar, und du schläfst mit jemand anderem als deinem Partner, ja, dann bist du nach herkömmlichen Maßstäben untreu. Aber für das, was dem Denken vorausgeht, bist du nicht untreu. Da ist nichts als das, was ist und wie es ist, fertig.

Du hast mir eben erzählt, bevor die SMS kam, dass »diese Sache« die Liebe ist.
Ja, Liebe um der Liebe willen, nichts weiter.

Und immer wenn man in der Stille ist, in der Intensität, in der Liebe, die immer in uns und um uns vorhanden ist, empfindet man spontan Liebe zu dem, was da ist – Mann, Frau, Kind, Hund, Katze, Vogel, Landschaft …
Man ist verliebt in »diese Sache« und deshalb in gewissem Sinne in alles, was sich zeigt. Das Gegenteil wäre ein Treuebruch, nämlich dies zu lieben und jenes nicht. Dann achtest du nämlich die Bewegung des Lebens nicht und folglich nicht die der Liebe in ihrer ganzen Reinheit, denn was da ist, vor allem anderen ist, ist reine Liebe, Liebe zu dem, was ist. Und so …
Wieder die Stille, die sich ihr Recht verschafft. Ich nehme einen letzten Anlauf:

Treue, Moral …
Solange du dich mit dem identifizierst, was du nicht bist, mit deinen Gedanken, deiner Konditionierung, deinen Mängeln, solange du eine gesonderte Person zu sein glaubst, die gemäß ihren Interessen handelt, sind Treue und Moral wahrscheinlich äußerst wichtig. Aber in der Identifikation, die der Identifikation mit der Person vorausgeht, stellen sich keine Fragen und gibt es keine leisen Stimmen, die raunen: »Das ist gut« oder »Das ist schlecht.« Alles ist rein, in jedem Augenblick, und alles wird vollkommen respektiert, wie es gerade ist.
Es war nicht möglich, der unsichtbaren Intensität länger zu wider-

stehen. Es war ein so erfüllter, so reicher Tag. Und wer hätte wohl der Stille Widerstand leisten wollen, die jetzt wieder die Oberhand gewann und uns einhüllte? Sich lassen, hat Yolande gesagt. In diesen sich dehnenden Minuten und mit jeder Sekunde neu kannte ich kein anderes Verlangen, als mich dem stillen Ansturm des Jetzt zu ergeben.

REISEN MIT LEICHTEM GEPÄCK

An einem Vormittag Mitte Mai ruft mich Yolande an. Wir haben einander seit zehn Tagen nicht mehr gesehen. Unser nächstes Treffen soll in ein paar Stunden sein.

»Programmänderung!«, ruft sie gleich. »Ein Freund ... sein neues Motorboot. Eine Spritztour, was hältst du davon?«

Für mich ist das okay, alles ist okay, alles freut mich. In den beiden Monaten seit unserer Wiederbegegnung fällt mir auf, dass mein Bedürfnis nach Fixpunkten, Bojen und unverrückbar feststehenden Programmen merklich nachlässt.

»Dann treffen wir uns im Hafen von Sciez am See, zwanzig Minuten von dir. Wir können da unsere Arbeit machen. Nimm einen warmen Pulli mit, man weiß ja nie.«

Unsere Arbeit machen? Das bezweifle ich aber sehr. Nun, es macht mir keinen Kummer. Das Leben kümmert sich für uns darum.

Jetzt in der Wochenmitte liegt Port de Sciez praktisch verlassen da an diesem schönen Uferstück des Genfer Sees mit seinen schattigen Rasenflächen, dem verschlafenen Hafenbüro und dem an den leeren Badestrand angrenzenden kleinen Yachthafen. Dort erwartete mich Yolande in Begleitung von Dédé. Dieser joviale Inhaber eines örtlichen Unternehmens mit seinem runden gebräunten Gesicht, bauchfrei unter aufgeknöpftem Hemd, ist ganz offensichtlich ein Genussmensch. Er präsentiert uns sein neues Spielzeug mit fünf Tonnen Gewicht, zwei Motoren, 1,20 Meter Tiefgang und einem Kühlschrank, der Wein, Champagner und Wodka Karamell in Hülle und Fülle bietet.

Yo in brauner Weste, Tarnhose, Schirmmütze, Riesensonnenbrille und weiter Strickjacke macht einen munteren und legeren Eindruck. Warmherzig auch und liebevoll – so zugewandt dem einen wie dem anderen. In ihrer Nähe ist alles so einfach und alle fühlen sich wohl. Mühelos findet sie in jedem Augenblick die glättende Geste, das aufrichtende Wort. Flink wie ein sonnengebräuntes Kind bewegt sie sich auf dem Achterdeck hinter dem Aufgang dort oben im Wind, dann steht sie am Ruder und jagt das Boot mit Vollgas in großen Gischtschwaden durch die Kurven, backbord, steuerbord, alles aus reiner Freude an den Schwüngen, am Balancieren. Dann dreht sie die Musik voll auf und tanzt an Ort und Stelle nach einer Melodie von Philippe Lavil, der von der Liebe auf See singt, schnappt sich die Kamera, drückt Dédé am Ruder einen Kuss auf die Backe, wie um zu sagen: »Ich bin da, ganz bei dir, ich höre«, und legt mir einen Pulli über die Schultern, weil mich fröstelt, ohne dass ich ein Wort davon gesagt hätte – leicht, so leicht.

Sie hat sich in »diese Sache« verliebt, und »diese Sache« macht sie frei. Wenn man sie so sieht in ihrem ganzen Liebreiz, wie könnte man nicht sein Herz an sie verlieren? Das ist die Frage, die ich mir ein bisschen verunsichert stelle. Ich spüre in mir diese Woge der Liebe, der Freude, der Dankbarkeit. Und mit zunehmendem Erstaunen nehme ich dort auch Unschuld wahr und etwas Unermessliches, und das handelt von Liebe. Von einer Liebe, die nichts will, auf nichts wartet, nichts wünscht, nicht einmal Yolande, nicht einmal ihre Gegenwart, die ist ja gesichert, hier, im Augenblick, und in dieser Gegenwart lösen sich alle Fragen auf, was weiter werden soll.

In ihrer Nähe gibt es keine Zukunft. Nicht einmal wenn sie Pläne schmiedet: »Wir kommen mit der Sonne wieder … Strand, Liegestuhl, für dich ein Sonnenschirm … Doch, doch, zum Arbeiten. Wir müssen lernen, auch hier zu arbeiten.«

Oder auch: »Dédé, Laurence und ich haben ein Buch in der Mache. Wir brauchen ein Plätzchen, wo wir ein paar Tage zusammen sein können und Ruhe haben. Dürfen wir dein Chalet benutzen?« Ins Blaue geredet oder zur Aussaat gebracht, bei Yo weiß man es nie. Alles ist so leicht, alles fruchtbar. Sie erwartet sich nichts auf eine Frage hin, sie wirft sie einem hin und denkt nichts weiter. Kümmert sich nicht »diese Sache« um alles?

Der Wind peitscht und die Gischt schäumt hoch – uns gehört der ganze See, es ist sonst niemand auf ihm unterwegs. Die Saison hat noch nicht begonnen.
Kurz vor Thonon wenden wir. Wieder Gischtfontänen und weißes Kielwasser über dem Blau des Sees und der tosende Wind. Wir halten auf das mittelalterliche Städtchen Yvoire zu – Burg mit Schießscharten auf einer Landzunge, netter Hafenort mit Zwiebelturm, mehr sehen wir davon nicht. Etwas weiter, in dem Dörfchen Nernier, machen wir fest. Dédé hat uns schon bei der Wirtin, einer Freundin, angekündigt. Ein reizendes kleines Bistro unter Glyzinien, Champagner zum herzlichen Empfang durch Samantha, die für sich allein schon den Besuch wert ist. Sie ist um die fünfzig und sieht wie eine Doppelgängerin von Brigitte Bardot aus – langes blondes Haar, Teint ein wenig mitgenommen, funkelnde Augen, volle Lippen, die gelebt haben, und alles an Make-up, was sich nur denken lässt. Sie hat etwas Unerschütterliches und zugleich Naives, als käme sie geradewegs aus der Love-and-Peace-Zeit, und so üppig ihre äußeren Formen sind, so weit ist ihr Herz, wie es scheint, für Tiere und Nachtschwärmer.
Ein Schulleiter im Ruhestand, ohne sein Gebiss schwer zu verstehen, berichtet mir alles Wissenswerte über den Ort, von Fassaden mit der würdevollen Patina der Jahrhunderte, vom

Charme der Weinranken mit ihren blasslila Trauben, die allenthalben die kleinen Häuser im Sturm zu nehmen scheinen, von einer alten, jetzt ausgebauten und in Wohnungen aufgeteilten Gerberei, von Häusern aus Steinquadern (die unten am See, wie mein Fremdenführer mich wissen lässt), aber auch von den flitzenden Schwalben am Himmel und vom Schloss mit seinem unverbaubaren Berg- und Seeblick, Besitz eines Barons und Diplomaten.

Ein letztes Gläschen, und wir machen uns wieder auf den Weg. Wir kommen wieder, versprochen. Und dann mit mehr Zeit. Da werden wir mit Samantha, der Wirtin mit dem großen Herz, ordentlich feiern. Sie wurde um einen ganzen Jahresumsatz bestohlen, erzählt sie eher verwundert als erbittert und fügt hinzu: »Es reicht zum Leben, wozu also jammern?«

Etwas später nehmen auch wir voneinander Abschied und verabreden uns für den nächsten Donnerstag. Ich werde den Freund aus Quebec ins la Grenouillère mitbringen, der sie gern kennenlernen möchte. »Ja, sehr gern.« Und plötzlich fällt ihr ein, dass er Vegetarier ist. Ich erinnere mich nicht, es ihr gesagt zu haben. »Wir finden da schon was für ihn«, schließt sie zuversichtlich.

Entgeht ihr überhaupt etwas in dieser Leichtigkeit, in dieser ausschließlichen Präsenz im Augenblick, die, wie sie sagt, das Gedächtnis leerfegt? In dieser Leichtigkeit und Unbeschwertheit muss sie keine Erinnerungen horten, kein Image wahren, keine Person verteidigen, und so kann sich alles im Moment Erforderliche in diesem offen gehaltenen Raum zeigen. Etwas gestern Mitgeteiltes ist einfach da, wenn es benötigt wird – augenblickliches Lernen, Ungezwungenheit, Geschmeidigkeit, Anpassungsfähigkeit, kurz, maximale Effizienz. Alles ist neu, nichts wird bevorratet, nichts wird vorbereitet oder ge-

plant, nichts muss verteidigt werden: Jeden Augenblick füllen sich die leeren Taschen von selbst mit allem, was nötig ist, und nur damit, und es verschwindet augenblicklich wieder, wenn es seinen Dienst getan hat.
Reisen mit leichtem Gepäck nennt man das.

7
ZUSAMMEN IN DER STILLE

»Wer im Tun das Nicht-Tun und im Nicht-Tun
das Tun erkennt, ist ein Weiser unter den Menschen,
er lebt im Zustand
der Einheit, und in ihm ist alles Tun vereint.«
Bhagavadgita

An diesem Tag sind wir zu dritt am Tisch. Yolande und Jean sitzen mir gegenüber in der Laube unter dem jungen Weinlaub. Sie haben sich eben erst kennengelernt – sie, die spontan zum Erwachen kam, und er, der lange in Indien lebte und jetzt zweimal im Jahr in ganz Europa Vorträge hält und Meditationsworkshops leitet.
Ich fungiere heute nur als Chronistin.

Es sieht so aus, als hättest du von jetzt auf gleich aufgehört, dir Sorgen zu machen.
Das ist schön gesagt. Ja, da ist dieser unbekannte Raum, der sich auftat.
Ich hatte diesen Zwischenraum zwischen den Gedanken noch nie erlebt. Früher griffen sie einfach ineinander, ich folgte ihnen, ich sah mich selbst als diese Gedanken, und das war's. An diesem Tag war es so, als hätte ich Zugang zu mir selbst gefunden, zu etwas Unerklärlichem, einer bestürzenden Stille. Inzwischen sehe ich, dass diese Stille schon immer da war, sie ist *vor* allem da, was sich auch jeden Augenblick zeigen mag.
Das ist Meditation, scheint mir, diese immer vorhandene Kraft, die dir alles zu sehen erlaubt, was erscheint. Wenn ich noch mehr über diesen Raum sagen wollte, könnte ich hinzufügen, dass

darüber hinaus der Eindruck besteht, nicht vorhanden zu sein – eine Art psychischer Tod.

Gab es auslösende Momente?
Überhaupt nicht. Nur diese Stille. Und als zwei Monate später mein Sohn starb, holte mich auch das nicht aus der Stille heraus. Da wurde mir sehr klar, dass Leid gar nicht existiert. Aber das war eben schon zwei Monate nachdem ich mich ganz und gar der Stille überlassen hatte. Ich habe mich in sie verliebt. Alles andere ist seitdem zweitrangig.
Das Leben ist sehr einfach geworden. Du hast nichts mehr zu tun, alles tut sich von selbst. So selbstverständlich es ist zu existieren, so selbstverständlich ist es auch, nicht zu existieren.
Es ist schrecklich einfach, aber auch schwer in Worte zu fassen. Alles spielt sich in dieser Stille ab, dieser Spontaneität. Wirklich ganz einfach: Alles rückt in den Hintergrund. Die Aufmerksamkeit ist ständig bei »dieser Sache«, da kannst du sie nicht mehr auf etwas anderes richten. Und wenn doch Gedanken und Gefühle auftauchen, fegt eine größere Kraft über sie hinweg und drängt sie in den Hintergrund. Da hast du dann keinerlei Gelegenheit, dich mit ihnen zu identifizieren.
Deshalb spreche ich von einer »Sache«, die alles unter ihre Herrschaft bringt, so dass du nicht wieder hinter sie zurück kannst, du kannst nicht in deine alte Lebensweise zurück, in diese Gewohnheit, dich mit allem zu identifizieren ... was du nicht bist.

Was würdest du jemandem sagen, der dich fragt, und das kann ja nicht ausbleiben: »Was kann ich tun, um auch so zu leben?«
Ich habe vollkommenes Zutrauen zu dieser Stille im Unsichtbaren. Das Einzige, was man da sagen kann, scheint mir, ist: »Sei, was du im Augenblick bist, und lass die Spontaneität tun, was sie zu tun hat.« Man kann das nicht begreifen, nicht erlernen, nicht wollen, nicht wissen. Überlass dich dem – was sonst?

Wenn es dazu käme, wenn jemand mir diese Frage stellen würde, ich glaube, dann würde ich am liebsten einfach mit diesem Menschen in der Stille bleiben und die Stille machen lassen. Wenn dann Worte und Gesten kommen, sind sie mit Stille getränkt, und die Stille wirkt in ihnen, nicht sie selbst. Ja, gemeinsam in der Stille sein ...
Diese Spontaneität, die dich erfasst und in »dieser Sache« festhält, bereinigt alle Probleme an der Wurzel – die Probleme selbst erscheinen nämlich alle im Hintergrund. Man sieht zu, wie die Ereignisse sich abspielen, die Situationen sich einstellen, man sieht recht gut, wie das alles Traum ist, alles Illusion, nicht vorhanden, wenngleich es erscheint.

Und Yolande ist auch nicht vorhanden?
Du weißt nicht, was du bist. Du findest keine Worte für das, was ist. Aber du bist nicht mehr das, was du zu sein geglaubt hast. Das ist der große Umsturz.
Und wie wunderbar! Das Problem ist gelöst. Nichts weiter mehr zu tun, als alles erscheinen und verschwinden zu lassen, was sich zeigt und samt und sonders im Hintergrund ist, einschließlich Yolande. Diese Lebensweise schafft Raum für mehr Sensibilität. Die Intensität lässt nicht zu, dass anderes Raum greift. Du empfindest deinen Körper überall als so lebendig, da wird es dir nie wieder langweilig. Du fühlst eher, als dass du denkst. Dann kann die Intensität auch schwanken. Die heitere Ruhe ist immer da, aber wenn außerdem auch noch ringsherum nichts los ist und ich mich beispielsweise hinlege und die Augen zumache, nimmt sofort die Intensität zu und eröffnet einen Raum, in dem nichts ist, kein Körper, keine Sinne nach üblichem Verständnis. Da ist nichts als Empfindung, aber nicht Empfindungen, die man körperlich nennen könnte, sondern so etwas wie Explosionen, schwer zu beschreiben. Du hast das Gefühl, du wirst nie wieder zurückkommen, so brennend, so explodierend ...

Ist das, als würde alles verbrannt, was von dir noch übrig ist?
Ja, die Dinge entsorgen sich.

Auch wenn du dich nicht mehr darauf einlässt, bilden sich trotzdem noch emotionale Impulse?
Ich fühle noch alles, was geschieht, aber eigentlich ist das im Hintergrund. Wenn ein Gefühl oder Gedanke aufsteigt, verhindert dieser Abstand, dass du dich darauf einlässt, und zugleich lässt er dich alles von Anfang bis Ende voll und ganz erleben. Du langweilst dich nie wieder, weil ja ununterbrochen irgendetwas geschieht, ein Wort, eine Empfindung ...

Die Energie macht alles. Solange du etwas erreichen möchtest, hast du den Eindruck, dich anstrengen zu müssen – das ist dann immer noch ein Mangel an Demut, nicht?
Alles ist im Hintergrund, auch die Wörter, auch die Demut.
In der Hecke hinter Yolande und Jean hat sich ein Rotkehlchen niedergelassen. Minutenlang regt es sich nicht, man möchte meinen, es lausche dem leuchtend klaren Gesang der beiden. Sie bieten einen schönen Anblick, muss man sagen, seine hohe Gestalt der ihren zugeneigt, seine wasserblauen Augen an ihren hängend, in denen das Feuer lodert. Ich sitze ihnen gegenüber und sehe immer wieder Yolandes blitzende Augen und Jeans Blicke, die von tiefer Ruhe sind. Ein Duft von Gelassenheit ist um uns wie das Echo eines inneren Friedens, den nichts von dieser Umgebung trennt.
Alles, was ich sagen könnte, ist auch wieder Wort. Das, was »tut«, ist die Stille, die dem vorausgeht, die allem vorausgeht. Alles, was gesagt, gesehen, gehört, erfasst werden kann, alles, absolut alles ist Abbild der Stille und sonst nichts. Sie allein agiert.
Ja, ich glaube, ich würde gern mit den Leuten, die zu mir kommen, in der Stille bleiben. Natürlich können auch Worte fallen, aber sie würden aus der Stille kommen.
Stille breitet sich auch jetzt zwischen uns dreien aus. Ringsum das

Kommen und Gehen der Gäste, Stühle werden gerückt, Stimmengewirr. An unserem Tisch, nichts mehr. Nur bebende Stille, diese lebendige, mitreißende Stille.

Faszinierend, nicht? Äußerlich ist nichts zu sehen, aber das ist es eigentlich, was Leidenschaft ausmacht: die Dinge zu fühlen, anstatt sie zu denken oder sich vorzustellen. Wie Byron Katie sagt – sich in den gegenwärtigen Augenblick verlieben.

Fällt den Menschen in deiner Umgebung auf, dass sich bei dir etwas verändert hat?

In der Familie und im engsten Freundeskreis haben sie wohl mitbekommen, dass etwas passiert ist, etwas ziemlich Umwälzendes, diese unfassbare Gelassenheit. Aber nach dem Tod meines Sohns haben sie das erst einmal dem Schock zugeschrieben und als eine Art Betäubung gedeutet. Dann, zwei oder drei Jahre später, fiel ihnen auf, dass sie sich in meiner Gegenwart sehr wohl fühlten, ungewöhnlich wohl, und da fingen sie dann an, sich zu sagen, dass wohl etwas passiert sein musste.

Liebende fühlen ja auch Dinge, die sie bis dahin nicht gefühlt haben, diese Kraft zwischen ihnen, diese Intensität.

Was mich angeht, sind die Leute wie ich. Wir sind da, wir sind alle beteiligt, sie ist uns gemeinsam, die Stille.

Ist es bei den Leuten, die dir begegnen, nicht doch so, dass sie dieses Wohlgefühl erst einmal dir zuschreiben, deiner Gegenwart?

Ja, erst einmal schreiben sie es mir zu, keine Frage. Aber ich bin ja nicht immer da, und vielleicht erwacht bei diesem oder jenem auch in meiner Abwesenheit das tiefe Verlangen nach dem, was ihnen fehlt, aber immer da ist: nach Stille. Vielleicht bekommt das Vorrang. Dann werden sie sich für das Wesentliche zu interessieren beginnen, sie werden anfangen, sich selbst in größerer Klarheit zu begegnen.

Wir sind vom Tisch aufgestanden und haben uns auf Liegestühlen in der Maisonne ausgestreckt. Mitzuteilen gibt es nichts mehr, und doch, so vieles teilt sich mit. Der Hund schläft im Schatten der Linde. In der Ferne die graue Silhouette der Berge mit ein paar weißen Gipfeln. Auf der jetzt von den Gästen verlassenen Terrasse nippen wir drei stillvergnügt vom weiten Raum der Stille.

EINE VERZAUBERTE WELT

Am Abend sagte Jean zu mir: »Yolande wird viel für die Menschen tun können. Sie drückt sich einfach und klar aus, sie beschränkt sich auf das, was wahr ist. Bevor sie auch nur den Mund aufmacht, spürst du schon diesen Raum, diese Stille. Und wenn sie dann spricht, zerstört sie das nicht. Sie ist das Feuer, das weit von den Worten wegführt.«

Ja, weit von den Worten weg. Weit weg von allem Wissen. Das konnte ich wahrlich bestätigen, hatte ich doch inzwischen alle möglichen befremdlichen Zustände erlebt, die, so flüchtig sie auch sein mochten, meine Wahrnehmung der Welt und meiner selbst zunehmend erschütterten.

Manchmal am Morgen, noch schlaftrunken, wurden meine Sinne schon vor dem Bewusstsein meines Vorhandenseins wach. In einer Flut strahlender Empfindungen von Licht und Wärme durchliefen bebende Wellen meinen noch von nichts umgrenzten Körper und den Raum ringsum, und das Ich wusste sich noch nicht von diesen Wogen der Seligkeit zu unterscheiden. Für Sekundenbruchteile – in einer Zeit außerhalb der verlaufenden Zeit – offenbarte sich dieser bebende Ozean, der ich war, als ein Raum ohne Subjekt und Objekt: ein Zustand der reinen Wahrnehmung. Allzu schnell erschienen dann aber wieder die Umrisse eines Körpers, einer Gestalt, einer deutlich von Laken oder Luft verschiedenen Beschaffenheit. Sehr schnell gewann der Körper seine Dichte zurück und büßte diese schwebende Schwingung ein. Und mit ihm tauchte auch wieder das Bewusstsein eines persönlichen Ichs auf, das da in diesem Zimmer in diesem Bett lag und auf das ein neuer Tag wartete. Vorbei die Seligkeit, die noch vor einer Sekunde geschmeckte grenzenlose Sinnlichkeit. Die da wach wurde, beladen, schwerfällig und gefangen, konnte nur enttäuscht seufzen.

So war es auch mit der Vision, die mich eines Abends im Juni im Beisein des Mannes, den ich liebe, überkam – nur dass sie mich erst zwei Tage darauf verließ.

Am Ende eines wunderbaren Tages hatten unsere Schritte uns an einen Uferabschnitt des Genfer Sees geführt, an dem sonst keine Menschenseele war. Die unzähligen Bewohner dieser Gegend waren alle gefiedert und wir Eindringlinge.

So viele Leben nahmen hier am sandigen Ufer mit seinen Schilfbeständen hörbar ihren Lauf, es quakte, zwitscherte und schnatterte. Draußen vor dem Schilfgürtel glättete sich ein Schwan das Gefieder, eine Gans ging mit Getöse auf dem Wasser nieder, zwei Enten zankten sich. Wie gebannt waren wir von diesem Augenblick der rauschenden Lebendigkeit.

Die Sonne glitt dem tanzenden Wasser entgegen. Wie in einer Silberlache verschmolzen Himmel und See, See und Himmel und lösten sich mehr und mehr im Raum auf. Je flüssiger Himmel und Sonne wurden, desto mehr entflammten die Fluten, blendend und blass und, wenn der Blick sich hob, ins Unendliche verschwimmend.

Die Zeit stand still. Zeit umzukehren, sagte die Uhr, und wir wandten uns vom See ab und gingen zum Wagen zurück, eine Stunde Fußweg. Aber der Ruf des Himmels war stärker, ich musste doch wieder stehen bleiben und mich umwenden und mit dem Blick in die Flammen von flüssigem Silber eintauchen. Erneut riss ich mich widerstrebend von dem Schauspiel los, ging ein paar Schritte, nur um wieder anzuhalten und mich umzuwenden. Unwiderstehlich war der Sog. Ein Blick und noch einer, bis aus dem bloßen Hinschauen … ein Sehen wurde.

Waren es die Augen, die Haut, die Schönheit des Tages, die Stille des Augenblicks im Arm des Geliebten – ich weiß nicht, welcher Damm da in mir brach. Der Himmel, die Sonne, der See, alles ergoss sich auf einmal in mich hinein, und jetzt konnte ich mich ohne Bedauern abwenden: Sie wohnten von jetzt an in mir.

Wir wechselten leise Worte, und unsere Blicke fielen wie immer hierhin und dorthin und auch mal ein Stück voraus auf alles, was sie anzog. Nur war es jetzt so, dass all die vielen Kleinigkeiten ringsum nicht mehr so aussahen, wie sie eigentlich sollten. Sie besaßen wohl die Umrisse von Bergen, Bäumen, Vögeln und Grashalmen, doch waren sie bei gleichbleibender äußerer Form in ihrem Wesen verändert. Mehr noch, sie hatten eine Verwandlung erfahren.

Auf einmal war so erschütternd klar, dass die Berge gar nicht Berge waren, dass der Baum da, die Pappel, weder Baum noch Pappel war, dass die oben im Geäst hockende Krähe, das Büschel wilder Hafer, die dicke brummelnde Hummel, die schwarzen Schafe, die weißen Schafe, die sich alle benennen und als dies oder das definieren ließen – dass sie alle waren, was sie waren, aber auch wieder nicht. Sie waren so viel mehr als ihr Name, ihre Gestalt, ihre Farbe; mehr als das Bild von einem Berg, einem Baum, einem Schaf, das ich in mir trug. Ein jedes war viel mehr als sein Vorhandensein. Alle erschienen mir auf einmal unendlich lebendig, nicht mehr verschieden von der »Leinwand«, auf der sie sich abzeichneten – sie waren Himmel, pulsierender Raum, sie hatten nichts mehr von den beschränkten Begriffen, die wir uns von ihnen machen. Ihre Lebendigkeit bestand aber nicht darin, dass jedes sein Eigenleben hatte, sondern es war eine einzige gemeinsame Lebendigkeit.

Das Leben der Dinge war nicht mehr ihr eigenes, sondern das der Gesamtheit, das Leben der Einheit hinter der scheinbaren

Vielfalt, von der ich nichts wusste, die aber in dieser magischen Stunde hervortrat. So hatte ich plötzlich einen Geschmack, eine Ahnung davon und war tief erschüttert. Die zugespitzte Wahrnehmung in diesem Augenblick führte mir eine Realität vor Augen, die realer war als alles, was ich bis dahin für real gehalten hatte, und sie war stark, so überwältigend kraftvoll, zart und … liebevoll. Ja, das war es: liebevoll. Die Welt, jedes scheinbare »Ding« der Welt, erschien mir in diesen Minuten wie von reiner Liebe durchflutet.

Es war eine unbeschreibliche Erfahrung. Genauso wie die Präsenz, die sie hervorbrachte oder von der sie hervorgebracht wurde. Ich sagte nichts. Es würde nicht lange dauern, bis mein Gefährte meinen Blick erforschen würde. Ich fühlte mich zuinnerst berührt, da, wo ich ganz nackt und ungeschützt war – an meinen feuchten Augen, meinem glühenden Gesicht musste es wohl zu erkennen sein. Wie das kleine Mädchen, vor dem sich zum ersten Mal die Unermesslichkeit des Meeres auftut, sah ich jetzt zum ersten Mal die Welt, die atemberaubende Einheit der Welt. Zum ersten Mal dieses strahlende Wesen aller Dinge, diesen Strom der Liebe, in den alles getaucht ist und aus dem alles hervorgeht – aus dem einzigen Grund hervorgeht, diese Liebe erscheinen zu lassen, aus der sie kommen, die sie sind und von der sie in keiner Weise getrennt sind.

Die Vision war buchstäblich umwerfend. In mir und außerhalb kehrte sie das Unterste zuoberst. Alles war plötzlich von einer solchen Süße und Leichtigkeit, von einer solchen Glut, dass ich hätte lachen, tanzen, weinen, in die Hände klatschen oder … still bleiben können. Nach außen blieb ich still. In mir war alles ein Wogen, ein Schwingen, ein Singen.

Es dauerte an diesem Abend lange, bis ich mich dazu durchrang, ins Bett zu gehen. Worauf meine Augen auch fielen, den Mond, eine Tasse Tee, das Haus gegenüber, sie sahen nichts als Liebe. Liebe und Ungetrenntheit. Das gab auch Anlass zu lautem Gelächter: Ströme von Liebe aus einem Glas Senf, das muss man sich mal vorstellen. Es waren grenzenlose Augenblicke des Entzückens, wenn ich auch fürchtete, dass sie beim Aufwachen weg sein würden, sobald ich zu meinem normalen Sehen zurückkehrte.

Aber die Gnade dieses Sehens, der Einheit, blieb mir noch in den nächsten beiden Tagen erhalten. Gegen Ende des dritten Tages – ich merkte nicht einmal, wann genau – hörten die Dinge auf, mir in dieser Liebes-Schwingung zu erscheinen. Die Verzauberung der Welt verließ mich. Wieder lebte ich in der Fremde, in der Fremde und gefangen. Es blieb aber die Gewissheit eines tieferen Sinns, einer Essenz, einer liebenden Essenz hinter den Phänomenen in mir zurück, wenn sie auch ein wenig abstrakt war. Daran konnte ich mich an Tagen der Entmutigung erinnern: dass die Liebe überall und in allem ist, sofern sich die Augen ihr öffnen.

Diesen und anderen Erlebnissen entnahm ich, dass Yolande wirklich das Feuer war, das weit, sehr weit über die Worte hinaustrug. Und um dieses Feuer drehten sich passenderweise viele Fragen bei unseren weiteren Begegnungen.

8
EIN FLAMMENDES NICHTS

»Wenn du es suchst, entgeht es dir. Du kannst es
nicht fassen noch dich seiner entledigen.
Und alldieweil du weder dies noch das tun kannst,
geht es weiter seiner Wege.«
Yung-Chia Ta Shih

Können wir ein bisschen über diese Intensität sprechen, die du schon etliche Male erwähnt hast? Die Intensität und die Formen, die sie annimmt?

Auch im Alltagsleben herrscht diese Stille, diese Schwingung, da ist diese »Berührung« in der Herzgegend, die verhütet, dass du dich mit dem identifizierst, was in dir aufsteigt. Es ist eigentlich keine Person namens Yolande mehr vorhanden, nur ein Geschehen. Aber Vorsicht: Auch wenn diese Identität sehr sacht, sehr diskret auftreten kann, ist sie trotzdem keine alltägliche Sache. Sie nimmt zu und sie nimmt ab, sie ist immer da. Und sie macht, dass man sich lebendig fühlt, so lebendig.

Dann gibt es Augenblicke, in denen sie sehr stark ist, vor allem, wenn ich allein bin, und ganz besonders, wenn ich mich hinlege, die Augen zumache und mich ganz entspanne. Es kommt dann vor, dass ich in einen inneren Raum eintauche, in dem mir Bilder kommen, Orte, Landschaften und Leute, die ich noch nie gesehen habe. Und diese Visionen oder Erscheinungen sind von starken Schwingungen begleitet, wie einströmende Energie, die kreuz und quer durch den Körper fließt. Und alles, was ich so mit geschlossenen Augen sehe, ist total real – um einiges realer als das, was ich mit offenen Augen sehe.

Manchmal ist die Schwingung so stark, dass sie mich richtig schüttelt, so dass ich aufschrecke und die Augen aufmache. Dann ist die Vision weg. Aber sobald ich die Augen wieder schließe, sinke ich zurück in diesen Raum, und es geht wieder los – Leute tauchen auf und verschwinden, Wellen von Energie ...
Wenn ich da einmal bin, kann ich die nächsten zwei oder drei Stunden nicht schlafen – zu viel Energie. Als würde mich diese Schwingung, die mich da packt, richtig aufladen.

Und das macht dir keine Angst?
Die ersten Male ja. Ich habe die Augen zugemacht, auf meinen Körper gelauscht, und es fühlte sich manchmal so an, als ginge er jetzt dahin – ja, das fand ich manchmal beängstigend. Ich habe mich gefragt, was mir da passierte und was wohl diese so wirklich erscheinenden Räume waren, in die ich da eintauchte.
In den Monaten nach dem Tod meines Sohns habe ich mich verstärkt um ein Verständnis meiner Erlebnisse bemüht. Ich habe in Büchern aus dem Regal »Spiritualität« geforscht, bin zu Konferenzen gegangen und habe mit Teilnehmern gesprochen. Da habe ich dann den Tipp bekommen, mir eine bestimmte Internetseite anzusehen, und stieß auf den Ausdruck »die Freude, nichts zu sein«. Das war genau das, was ich selbst erlebte. Ziemlich bald war der Inhaber dieser Website mein Freund. Mit ihm konnte ich reden. Was ich zu erzählen hatte, schien ihn nicht zu überraschen. Zu meinen Erlebnissen sagte er ungefähr: »Etwas bedient sich deines Körpers, um etwas zu befreien, lass es geschehen.« Das traf die Sache gut, fand ich. Eine Erscheinung, eine Energie, die verpufft, und dann ist da ein neues Gesicht, eine andere Energie ... von Lebenden, von Toten, manchmal einfach ein Blick ohne ein Gesicht dazu, sehr eindrucksvoll! Und alles so schnell, kaum eine Sekunde später schon die nächste Welle. Man gewöhnt sich nie daran, aber ich lasse es geschehen, ja.

Dann kommt es zu diesen Visionen, wenn die Intensität sehr hoch ist?

Wenn Visionen kommen und zugleich diese Schwingungen mehr oder weniger stark vorhanden sind, dann ist das allein schon wesentlich stärker als alles, was im normalen Leben, im Wachzustand, vorkommt. Aber es kann noch stärker werden.

Die höchste Intensität, die ich kenne, liegt in einer anderen Erfahrung, zu der es ebenfalls kommt, wenn ich allein bin und mich hinlege. Sie setzt augenblicklich ein. Plötzlich hast du das Gefühl, dass du überhaupt nichts mehr fühlst, nicht deinen Körper, nicht irgendetwas. Als hättest du deine fünf Sinne verloren. Du siehst nicht, du hörst nicht, du spürst nicht im üblichen Sinne. Das löscht aber nicht dein Grund-Empfinden, ich würde sagen, dass du weiterhin wahrnimmst, aber eben nicht durch den Filter der Körpersinne. Du siehst die Dinge also nicht mehr erscheinen, aber du hast immer dieses Grund-Empfinden. Und das Erschreckende, das ist ... Ich weiß es nicht mehr. Eben kommt so eine kleine Leere über mich.

Es ist unbekannt, es ist stark, es ist sanft, alles zugleich. Aber es ist zu stark, als dass man die Süße, die Ekstase, ermessen könnte. Es sprengt die Sinne, es geht über die Sinne hinaus. Es geht über alles hinaus.

Über alles hinaus?

Es ist ein ungeheurer Raum. Er ist leer und zugleich flammend. Er ist ein Nichts, aber ein erfülltes Nichts, voller Energie. Und diese unbekannte Energie ist so stark, so mächtig, dass du meinst, dir bleibt unter dem Ansturm dieser Intensität das Herz stehen, und zwar körperlich. Dieser Raum, in dem du alles bist oder nichts bist, ich weiß es nicht ... In dieser Intensität siehst und spürst du deinen Körper nicht mehr, er kommt in deinem Bewusstsein nicht mehr vor. Da ist nur diese geballte Ladung von Energie, Schwingung, Empfindung.

Aber die Bewegung ist immer da. Sanft oder stark, die Intensität ist immer da.

Ist es ein Hin und Her zwischen sanft und stark?
Ich nehme es nicht mehr als ein Hin und Her wahr. Es ist eher ein »stetiges Alternieren« von Expansion-Verengung-Weitung. Eine Bewegung der Kontraktion und Weitung, die von mild bis heftig reicht, von einem Zustand, in dem alle Dinge, Wesen und Gedanken im Licht dieser inneren Schau erscheinen, bis hin zu dieser explodierenden Intensität, diesem erfüllten Nichts.
Wenn die Intensität explodiert, besetzt sie alles. Das gesamte Feld des Bewusstseins. Ich habe dann nicht einmal mehr das Bewusstsein, da zu sein. Es gibt keine Worte dafür. Es kommt in letzter Zeit immer dann über mich, wenn ich mich hinlege. Es erschreckt mich. Ein flammendes Nichts ... es kommt in Wellen ... eine Welle, zwei Wellen, drei Wellen. Anfangs war es nur eine, aber so stark, dass ich ganz plötzlich aus diesem Raum gerissen wurde und in das zurückkehrte, was wir gewöhnliches Bewusstsein nennen. Neuerdings ist es nicht mehr nur eine Welle. Es kommt eine, ich bleibe in diesem Raum, sie schwillt an und schwillt an, und dann legt sie sich. Puh! Aber dann folgt eine zweite, eine dritte – so stark.
Die nächsten vier Stunden finde ich dann keinen Schlaf. Auch mit Schlafmitteln kann ich mich dieser Intensität nicht immer entziehen. Ich muss gestehen, dass ich die letzten Tage Schlafmittel genommen habe.

Ist dieses flammende Nichts eine neuere Erfahrung?
Die ersten »Tauchgänge«, würde ich sagen, reichen ein bis zwei Jahre zurück. Aber diese Häufigkeit, ja, die ist neu.

Dann haben sich die Erfahrungen im Laufe der Zeit entwickelt?
Alle diese Erfahrungen sind sicherlich ein und dieselbe Erfahrung. Aber du erlebst sie jedes Mal wieder so anders, wenn

sie kommen, dass du sie für verschieden hältst. Vielleicht liegt der Unterschied letztlich nur in dieser wechselnden Intensität.
Zuerst habe ich diese Intensität oben gespürt, im Kopfbereich. Ich konnte nichts dagegen tun, ich konnte nicht als Ich, nicht nach meinem Willen handeln, ich war gezwungen, alles geschehen zu lassen. Die Intensität zwingt einen stillzuhalten. Du hast keine Wahl, und du hast da nichts auszurichten. Die Intensität sorgt selbst dafür, dass du dich nicht einmischst. Sie ist es, die alles macht, sie ist unwiderstehlich.
Also, anfangs war die Intensität vor allem um den Kopf zu spüren. Nicht im Körper, eigentlich auch nicht um ihn herum. Diese Worte sind nur Annäherungen, man muss bedenken, dass die Intensität nicht lokalisiert ist, sie ist nicht da, wo unsere Sinne und unser Gehirn sie wahrnehmen. Sagen wir, es handelt sich um die Wahrnehmung von etwas Unsichtbarem in dieser oder jener Zone, nicht im Körper.
Und diese Intensität, diese unaufhörliche Bewegung der Weitung und ihres Nachlassens, die im Wachzustand in dir vor sich geht, ist noch einmal ganz anders, wenn sich »diese Sache« im Vordergrund als energetische Explosion manifestiert, die dich in das erfüllte Nichts schleudert.
»Diese Sache« ist jenseits von Raum und Wahrnehmung, jenseits aller Begriffe, jenseits sogar von Essenz. Sie erscheint, sie manifestiert sich, mal als erfülltes Nichts, dann wieder als das, was im Wachzustand und im Traum erscheint und wieder verschwindet.

Kannst du mir noch etwas über die Entwicklung dieser Erfahrungen erzählen?

Ich will versuchen, mich zu erinnern. In den ersten beiden Monaten brauchte ich nur bei der Meditation die Augen zu schließen, und dann ging es auch schon los – ich hatte den Eindruck, in unbekannte, unermessliche, absolut grenzenlose Räume einzu-

treten. Wenn ich mich dem entziehen wollte, durfte ich die Augen nicht zumachen. Später gab es dann fünf oder sechs scheinbar verschiedene Arten von Erfahrung.
Anfangs war es so, dass ich den Körper verließ. Du bist dann unterwegs, du bist reines Sehen. Manchmal findet das einfach in deiner Wohnung statt, aber es kann auch sein, dass du dich plötzlich im Wald wiederfindest, in endlosen Urwäldern. Sogar unter der Erde. Das hat meiner Erinnerung nach weh getan.

Wenn du deinen Körper verlassen hast?
Ich weiß nicht mehr, ob es beim Verlassen des Körpers oder beim Wiedereintritt war, jedenfalls hat es weh getan.
Es gibt auch den Zustand, in dem du reines Sehen bist, aber den Körper nicht verlässt. Darüber haben wir vorhin gesprochen. Du siehst lauter Leute vorbeiziehen, einen nach dem anderen, sehr schnell jeder vielleicht eine Millionstel Sekunde, obgleich in diesem Raum keine Zeitvorstellung existiert. Und jede Erscheinung ist von einer Schwingung, einem mehr oder weniger starken, mehr oder weniger intensiven Energiewirbel begleitet. Das Ganze kann in Farbe, aber auch in Schwarzweiß sein. Es sind nie dieselben Gesichter. Manchmal siehst du eine Menschenmenge, ein andermal detaillierte Bilder: Eine Frau hält ein Kind an der Hand, dahinter ein gelbes Taxi. Wenn ich mich erinnern könnte – aber die Bilder bleiben mir eben nur für ein paar Minuten nach einem solchen Erlebnis gegenwärtig –, ich glaube, dann könnte ich rekonstruieren, wo diese Szene stattfand und in welcher Zeit. So präzise, so real ist das alles! Und ich sehe es mit geschlossenen Augen! Ein andermal ist alles in Schwarzweiß und die Gesichter haben etwas Tristes und Krankhaftes, als gehörten diese Leute gar nicht zu unserer Raumzeit.
Mir sind diese Räume inzwischen sehr vertraut.

Gibt es über das »erfüllte Nichts« hinaus noch etwas?
Manchmal schießt eine Energie ein, die so stark ist, dass sie mich aufs Bett wirft. Das geht meist vom Nacken aus, aber ich muss hier wie immer einschränken, dass das nur eine sehr ungefähre Angabe ist. In Wirklichkeit wird das nicht im Körper empfunden, sondern ist viel umfassender; es ist auch keine Körperempfindung, sondern etwas von ganz anderer Art. Dann steigt es, umrundet den Kopf und steigt wieder ab, als würde es den ganzen Körper überfluten. Es sind Wellen. Kaum legt sich die eine, schon rollt die nächste heran. Das kann so stark sein, dass ich manchmal Sorge habe, ob ich da überhaupt wieder herauskomme. Es ist so stark und auch so schön, dass ich machtlos bin, unfähig, mich zu rühren. Die Welle legt sich, und ich denke schon, es klingt jetzt aus – und auf einmal schwillt sie wieder an. Ich sehe in diesem Zustand nichts, aber wie in den beiden vorangehenden Zuständen bleibt ein Bewusstsein bestehen, das über allem wacht. Dieses Anschwellen der Energie habe ich erst drei- oder viermal erlebt.
Und danach kommt das, was ich göttliche Orgasmen nenne.

Göttliche Orgasmen?
Du bist da und tust nichts, allein oder mit jemand anderem – und plötzlich ist da diese Intensität, die weiter zunimmt, die auf alle deine Sinne gleichzeitig einwirkt ... eine Explosion, eine Ekstase. Manchmal kommt das etliche Tage lang mehrmals am Tag vor; danach vielleicht eine Woche lang gar nicht. Die Intensität nimmt zu, die Intensität nimmt ab, und du machst da gar nichts. Es ist wirklich fantastisch.

Und du fühlst die Intensität überall im Körper?
Überall, von den Zehen bis zu den Haarspitzen, manchmal mehr im oberen Bereich, manchmal eher unten. Sehr oft sind der ganze Bauch und die Oberschenkel betroffen. Das sind dann Empfin-

dungen wie von zirkulierender Energie, als wären alle Zellen in Bewegung. Es ist buchstäblich ... göttlich. Ein göttlicher Orgasmus.

Es kommt einfach so, ohne dass ich etwas tun oder entscheiden würde. Ich kann es auch nicht hervorrufen. Es kommt, wann es kommt und wie es kommt, ich weiß nicht einmal, durch was es ausgelöst wird. Es kommt, wenn ich allein bin, es kommt, wenn jemand da ist. Jedes Mal kann und will ich nichts anderes, als mich dem zu überlassen.

Und manchmal fühlt es sich hinterher in den Schenkeln und im Bauch wie Muskelkater an, als hätte ich Hunderte Orgasmen gehabt.

Du weißt nicht, was diese göttlichen Orgasmen hervorruft – aber weißt du, woher sie kommen?

Ich würde sagen, es ist ein Aufwallen dieser gut bekannten Intensität, die im Wachzustand immer vorhanden ist. Ja, einfach diese Expansion, die immer stärker wird.

Das ist die vierte oder fünfte Form – ich weiß schon nicht mehr –, die diese Intensität bisher angenommen hat. Und dann ist da die letzte, die stärkste Form, dieses Eintauchen in das erfüllte Nichts, von dem wir eben gesprochen haben.

Das fing vor ein bis zwei Jahren an, kam aber zuerst nur selten vor. In den letzten Tagen, würde ich sagen, stellt sich diese übermenschliche Schwingung immer häufiger ein. Es wird häufiger, und die Wellen folgen einander immer dichter und stärker. Und in den Stunden und Tagen danach kommt es mir so vor, als würden sich die Dinge in mir klären. Ohne Worte. Als würden mich die Dinge verlassen, als würden sie überflüssig ...

Das ist noch nicht alles ganz so klar, es entwickelt sich eben. Aber es kommt mir so vor, als verlangte das Leben, dass ich mich ihm mehr und mehr überlasse und mich immer weniger mit äußeren Dingen befasse. Ich weiß nicht. Vielleicht kommt da etwas, eine noch tiefere Einsicht, die sich Geltung verschaffen wird. Wenn du das erlebst, diese Kraft, diese Leere – das kann einiges verändern. Aber ich weiß nicht. Nein, eigentlich kann ich nichts darüber sagen.

DIE STILLE IST IMMER DA

An diesem Wochenende war ich bei Freunden in deren Villa direkt am Genfer See. Ich hörte sie unten plaudern, während ich oben in meinem großen, ruhigen Zimmer mit Ausblick auf den See und seinen Schilfgürtel arbeitete. Ich las die im Laufe der Wochen transkribierten Gespräche mit Yolande noch einmal durch.

Und bei dieser konzentrierten Arbeit entstand – deutlicher und stärker werdend – eine Art dumpfes Brummen in meinem Hinterkopf. Es war da, es war stark, aber es war auch verhalten und lenkte mich nicht von dem ab, was ich vor mir hatte. Es begleitete die Arbeit in seiner tiefen Lage, mit dieser so eigentümlichen Vibration, die mir vertraut wurde und die sich mir eher als das Gefühl einer Präsenz zeigte, in mir und um mich; einer Präsenz, die nicht gänzlich ich, aber auch nicht etwas anderes war.

Ich setzte die Lektüre fort. Das wasserfallartige Brausen nahm zu, begleitet von zarten Wogen, die durch meinen Körper liefen und ihn und mich in eine Ruhe tauchten, die man unerschütterlich nennen könnte, so tief senkte es seine Wurzeln in mein Sein, während sein Laub das gesamte Zimmer einnahm. So las ich also weiter, hier ein Wort unterstreichend, dort eines korrigierend, und dabei kritzelte ich Fragen an den Rand, und es war, als assistierte mir ein seelenruhiger Blick beim Lesen, Unterstreichen, Korrigieren, Denken. Es war, als wachten andere Augen als meine über jeder Aktion, als wäre ich nur Ausführende, aber nicht Akteurin.

Nur zusehen, wie Handlungen, Gedanken, Bewegungen geschehen, ohne selbst Anteil daran zu haben – welche plötzliche Ruhe, welche Leichtigkeit! Auch ein Paradox, wenn zugleich ein deutliches Gefühl von Verkörpertsein vorhanden

ist, von Verankerung in der Erde. Als würde ein Teil meines Körpers tiefe Wurzeln schlagen, während sich eine anderer, fließender, fast flüchtiger Teil über mich hinaus erhob wie eine vom Himmel geatmete Luftsäule.
Und es war nichts Übernatürliches an dieser Empfindung. Erstaunlich war sie, das schon. Faszinierend. Aber es war zugleich offensichtlich ein Augenblick von reiner Natürlichkeit und er offenbarte eine unermessliche Natur, verglichen mit dem, was ich kannte – so einfach, so da, so wahr, dass ich unmöglich hätte an ihr zweifeln oder sie fürchten können. Sie begreifen natürlich erst recht nicht.
Yolandes Präsenz, dachte ich treuherzig, wirkt wohl auch, wenn sie nicht da ist, sie wirkt durch ihre Worte. Dann fiel mir ihr Gespräch mit meinem Freund Jean vor fünf Wochen ein, und mir wurde klar, dass die Stille tatsächlich immer da ist. Sie ist durchgängig da, immer, sie geht meinem Erscheinen ebenso voraus wie dem Erscheinen aller Dinge. Es genügte, auf sie zu lauschen.

9
TAUCHGANG INS NICHTSEIN

»Wer allem zu sterben weiß,
wird in allem leben.«
Johannes vom Kreuz

Gestern hätte ich dich beinah in der Nacht um drei angerufen.

He, gute Idee!
Es gab wieder solche Attacken, dieses Eintauchen ins Nichts. Es war stärker als sonst. Angefangen hat es wie immer mit dieser Bewegung, die von einem Punkt in der Körpermitte ausgeht – nur dass es nicht dieser stoffliche Körper ist – und die sich ausbreitet und den ganzen Körper durchzieht, langsam zuerst. Du sagst dir: »Aha, es ist wieder so weit«, und dann wird es immer stärker – Explosion, Implosion und dann das Gefühl, von einem Raum erfasst zu werden, der kein Raum ist.
Aber denk daran, wenn ich von Explosion spreche, ist das etwas Innerliches. Eine energetische Bewegung, ganz ohne Bewegung des Körpers. Kein Zusammenzucken, überhaupt nichts Sichtbares. Es war gerade eine Freundin bei mir. Sie hat mich genau beobachtet und konnte nichts feststellen.
Und letzte Nacht war die Explosion derart stark, dass ich dachte: »Das war's. Diesmal ist es wirklich das Ende, diesmal komme ich nicht wieder zurück.« Es war so stark, so unglaublich, dieses Feuer, das Chaos, das Nichts. Ich dachte: »Ich erlebe gerade den Weltuntergang.« Ich konnte einfach nicht glauben, dass sich das nur in mir abspielte; meine Freundin, meine Stieftochter nebenan und überhaupt alle ringsum »mussten« doch dasselbe erleben!

Als ich zurückkam, war die Welt noch da. Meiner Freundin war nichts aufgefallen, mein Körper hatte sich nicht gerührt. Und ich hätte dich beinahe angerufen, um dir zu sagen, dass ich jetzt wusste, was ich da sah, wenn ich in diesen Raum blickte: den Weltuntergang!

Ich weiß nicht, wo das hinführt, das Ganze, aber ich spüre, dass es irgendwo hin will, und zwar schnell.

Ich habe den Eindruck, dass diese Attacken die tiefe Überzeugung bestätigen und klären, die ich im Wachzustand, in ganz alltäglichen Situationen, habe: dass alles unter den Blicken »dieser Sache« erscheint und verschwindet.

Und das erfüllte Nichts – nach den Erlebnissen dieser Nacht bin ich versucht, es »Nichtsein« zu nennen.

Dieser Weltuntergang, den du »gesehen« hast, war das die Vision ebendieses Verschwindens, des Aufgehens der Dinge in »dieser Sache«, die ihnen vorausgeht, die sie einschließt und der sie ihr Sein verdanken?

Die manifeste Welt, die ich manchmal das »Ich-bin« nenne, ist im Bezug zu »dieser Sache« vorhanden, die ihr zu erscheinen erlaubt. Im Wachzustand ist »diese Sache« – die vielleicht das Nichtsein ist, ich weiß es nicht – weniger intensiv als in diesen Augenblicken, diesen Räumen. Im Wachzustand wird vor allen das Ich-bin, also die manifestierte Welt einschließlich Yolande, gesehen und erlebt. In solchen Augenblicken dagegen erlebt man eher das Nichtsein. Ja, vielleicht ist es das. Diese Zustände … das ist wohl im Nichtsein. Ich bin eben auf eine Stelle bei Nisargadatta Maharaj gestoßen, die mir sehr klar vorkommt: »Ich beschäftige mich nicht mehr mit irgendwelchen Wundern außer den dreien, die in mir selbst sind: dass ich die Welt zu sehen vermag, dass die Welt in diesem winzigen Klecks Bewusstsein enthalten ist, der ich bin, und dass aus diesem Nichtsein das Sein hervorgeht.« Ja, das ist wirklich sehr klar.

Ansonsten geht es mir gut. Ich arbeite in der Küche, ich räume auf und aus, ich kümmere mich um den Haushalt, ich richte ein neues Zimmer über dem Lokal ein, heute Abend nähe ich die Deckenverkleidung ... Ich hab wahnsinnig viel Energie. Letztlich sind diese Zustände nichts weiter als Energie.
Wir haben an dem Tag nicht mehr »gearbeitet«. Andere Dinge nahmen Yolande in Anspruch, und für die hat sie mich dann auch angeheuert. Ich lernte, wie die Tische zu decken und die Servietten zu Rosetten zu falten waren. Die Gläser mussten diagonal stehen, die Tischsets so liegen, die Kerzenhalter so stehen. Zu Mittag hatte großer Ansturm geherrscht. Maude hatte sich erschöpft zur Siesta zurückgezogen, und die hielt noch an. Die ersten Gäste würden in einer halben Stunde kommen.
So war nun mal die Lage, und wir stellten uns auf sie ein, wendig und kommentarlos. Und die spirituelle Schreiberin schmunzelte über ihre Rolle als Speisesaalgehilfin.
Das Einfache – nichts ist so ansteckend!

DIE PUPPENSTUBE

Die an jenem Mainachmittag auf dem See ausgebrachte Saat ging auf. Dédé ließ uns sein Wochenendhaus benutzen. Es war klein und aus Holz, genau wie alle anderen ringsum in dieser fünfhundert Meter vom See entfernten kleinen Siedlung aus Dutzenden völlig gleich aussehender Hütten. Man rechnete ständig damit, in diesen Gärtchen Zwergen zu begegnen, die sich da zu schaffen machten – jedenfalls hatte alles ihr Maß. Wir waren am Vormittag angekommen, Yolande mit Vorräten beladen, da sie sich für die hauswirtschaftliche Seite zuständig fühlte.

Der Juni kündigte sich mit strahlendem Sonnenschein an. Den winzigen Balkon nahmen zwei Liegestühle ein, die wir hinausgestellt hatten. Sicher, wir waren zum Arbeiten da, aber das war ja kein Grund, die Sonne, die laue Luft und den Gesang der Vögel auszuschließen.

Drei Tage würden wir hier für uns haben.

10
DAS UNAUSSPRECHLICHE

»Wer ist es, der eine solche Fülle von Wissen braucht?
Stets und ständig erscheint mir in einem einzigen
Körnchen meiner selbst dieses ganze Universum.«
Mahabharata

Wir waren die sanfte Grasböschung hinunter ans klare Wasser gegangen, wo die Kinder herumtollten, ein Stück weiter glitten ein paar Schwäne am Ufer entlang. Auf dem Rückweg zum »Zwergendorf« kam ein Anruf für mich. Er dauerte. Und dauerte. Als ich zur Hütte zurückkam, war niemand zu sehen, also nutzte ich die Gelegenheit, um meine Sachen in meinem Zimmerchen zu verstauen. Dann ging Yolandes Zimmertür auf.

Ich habe mich ein bisschen ausgeruht.

Und, ging es?
(Ein Lächeln) Wieder dieses erfüllte Nichts – voll unbekannter Energie. Ich tauche dann in eine unglaubliche Leere ein, ein Staunen, das jedes Mal tiefer wird.

Kannst du überhaupt noch ausspannen oder kommt es gleich über dich, wenn du die Augen zumachst?
Nein, ich kann nicht. Nicht mehr.

Und bist du nicht fix und fertig?
Ich glaube, diese Energie trägt mich.
Wir schweigen eine ganze Weile, dann rücken wir mit einem Mal wie abgesprochen die Liegestühle zurecht, stellen Erfrischungsgeträn-

ke, einen Aschenbecher und das Mikro auf einen Hocker, seufzen wohlig und beginnen.

Zu der erfüllten Leere, die du zuletzt Nichtsein genannt hast, würde ich gern über das Zitat von Nisargadatta Maharaj sprechen. Dir ist es ganz klar, mir nicht …

Sein im Nichtsein, ja. Was einen im Wachzustand manchmal streift, Augenblicke der Präsenz, der Stille, gehört noch zum Sein. Zum klaren Sehen, dem dritten Wunder, von dem Nisargadatta spricht, kommt es nur dann, wenn das Sein im Nichtsein erscheint. Das ist alles. Und nur das erlaubt dir, die Wirklichkeit zu sehen, wie sie ist.

Aber dann …

»Das erste Wunder besteht darin, dass ich die Welt sehen kann«, sagt Nisargadatta. Du, ich, alle besitzen die Fähigkeit, die Welt zu sehen. Alle Welt erlebt das Ich-bin. Dann erscheint das Sein im Nichtsein. Dabei kommt es für das Ich-bin spontan zu einem Nicht-Existieren. Das Erscheinen des Seins im Nichtsein, das ist diese Spontaneität, die dich veranlasst, die Person aufzugeben, also nicht mehr zu existieren.

Das Erscheinen des Seins im Nichtsein – ist das für dich dieser Eindruck, nicht mehr zu existieren?

Also, bis vierzig habe ich die Welt gesehen. Dann kommt »diese Sache«, die von dir Besitz ergreift und sehen lässt, dass das gesamte Ich-bin, alles Manifestierte, im Hintergrund ist – das zweite Wunder. Danach erlebst du dann das Erscheinen des Seins im Nichtsein viel stärker, dieses Eintauchen in das erfüllte Nichts – das ist das dritte Wunder.

Glaubst du, dass diese »Fähigkeit, die Welt zu sehen«, von der Nisargadatta spricht, einfach die gewöhnliche Wahrneh-

mung bezeichnet? Worin ich die Welt nur über meine Projektionen, meine Erinnerungen wahrnehme und nichts anderes als die von meinen fünf Sinnen, meinem Gehirn und meinem Geist interpretierte und fälschlich für objektiv gehaltene Welt kenne?
Die Fähigkeit, die Welt zu sehen, die hast du immer. Es ist nur so, dass die Aufmerksamkeit nicht auf ein und dasselbe gerichtet bleibt. Erst ist sie bei der Fähigkeit, die Welt zu sehen, dann beim Ich-bin, bei dem, was du bist, und schließlich richtet sie sich eher auf das dritte Wunder.

Du sagst »du« und meinst damit dich, Yolande ... also nicht die gewöhnliche Erfahrung. Ist es so, dass diese »Fähigkeit, die Welt zu sehen«, von einem universalen Bewusstsein aus wahrnimmt und nicht vom individuellen Bewusstsein aus?
Nein, auch vom individuellen Bewusstsein aus.

Dann noch einmal: Worin besteht diese Fähigkeit, wenn ich die Welt nicht so sehe wie du?
Doch, du siehst sie genauso. Aber von wo aus du siehst – das ist vielleicht nicht die gleiche Stelle. Dennoch, du siehst sie auf die gleiche Art. Du siehst die Bäume wie ich, du hörst die Vögel wie ich. Es ist nur ...

... nicht die gleiche Perspektive?
Ja, nicht von der gleichen Warte aus. Jedenfalls ändern sich dann die Wahrnehmung und die Deutung ganz von selbst. Ergriffen von dieser Nicht-Existenz rückt alles in den Hintergrund. Es gibt da einen Satz, ich weiß nicht, von wem, der es für mich sehr schön auf den Punkt bringt: »Ein Augenblick des Menschenlebens besitzt den Wert eines ganzen Lebens.« Das lässt sich nur erleben.

Ja, wenn es dieser Augenblick ist, dieser Moment des Ergriffenseins.
Ja, und dieser Augenblick ist »diese Sache«, die dich packt, die dich fühlen und sehen lässt, dass du nichts von dem bist, was du zu sein glaubst. Dieses alles durchdringende Sehen im Augenblick, das genügt. Und wenn »diese Sache« bleibt, dann ist das alles, du kannst überhaupt nichts mehr machen ... kommentieren, interpretieren. Du kannst dich nicht einmal mehr zwischen dem Wahrgenommenen und dem Wahrnehmenden halten. Da magst du wohl weiterhin im Hintergrund existieren – aber Macht hast du keine mehr, Ende.

Da wird etwas offenbar ...
Du verabschiedest dich von der Idee, eine Person zu sein. Es passiert. Das ist eine mysteriöse Geschichte, aber es passiert. Man muss nicht erst zwanzig Jahre üben. Es geschieht in einer Tausendstelsekunde. So läuft das. Wie dein Existieren, dieses Gefühl zu existieren, ganz von selbst kam – du musstest nichts dafür tun –, genauso erscheint das Nicht-Existieren von jetzt auf gleich ganz spontan, einfach so. Dann verschwindet ringsum alles. Es bleibt diese Sensibilität, die sich entwickelt und dich diese unglaublichen Sachen erleben lässt, die zwar letztlich im Hintergrund erscheinen, aber dich in deiner Sicht »dieser Sache« bestärken, die alles an sich gerissen hat.

Noch mal zurück zu den drei Wundern: Spricht Nisargadatta mit dem ersten Wunder diese Fähigkeit an, die Existenz der Welt und seiner selbst wahrzunehmen, wie es die Normalsterblichen tun?
Ich existiere, spontan, das ist das erste Wunder. Ich existiere, also sehe ich die Welt. Diese Fähigkeit besitzen alle: die Welt sehen, wie alle Welt sie sieht. Es ist das Bewusstsein, in einer Welt zu leben, die ebenfalls existiert. Dann das zweite Wunder:

Die Welt ist in dem winzigen Klecks Bewusstsein enthalten, der ich bin. Und wahrhaftig, so ist es!

Ach ja? Nein, so ist es nicht! Für mich ist die Welt nicht in diesem Klecks Bewusstsein, der ich bin. Die Welt ist da draußen, tut mir leid. (Gelächter)
Es ist diese Sekunde, dieser Moment, der dich all das sehen lässt, was du nicht bist, und damit alles, was du bist, das Ganze Ich-bin, alles. Einfach weil das Erscheinen des Seins im Nichtsein, in deiner Nicht-Existenz, über dich kommt. Es ist einfach, tut mir leid.

Um welches Ich-bin geht es da?
Für mich ist das Ich-bin ... alles, was im Abstrakten und im Konkreten erscheint.

Dieser »winzige Klecks Bewusstsein«, das bin ich, das bist du. Es kommt mir ungereimt vor – das Erscheinen der ganzen Welt in meiner Wenigkeit. Weil sich das alles im Innern abspielt?
Es ist gleichzeitig. Gleichzeitig: Das Ich-bin kann nur erscheinen, weil »diese Sache« da ist. »Diese Sache« lässt alles erscheinen und im Hintergrund existieren.

Als bediente sich »diese Sache« deiner Augen, um das, was sie erscheinen und verschwinden lässt, zu betrachten.
Ja, das Nichtsein manifestiert sich im Ich-bin, in allem, was sich jeden Augenblick zeigt, die Stille eingeschlossen, Yolande eingeschlossen.

Noch einmal zum Ich-bin: Wenn du davon sprichst, höre ich mal »die Gesamtheit der Manifestation« und mal klingt es wie »das individuelle Ich-bin«. Sind diese beiden Ich-bin letztlich eins?
Für mich sind sie das, ja.

Ist da eine optische Täuschung am Werk, die uns das Ich-bin, die Gesamtheit, auf die beschränkte Wahrnehmung reduzieren lässt, die das kleine Ich-bin für gewöhnlich davon hat, wodurch es dann glaubt, die manifeste Welt sei außerhalb seiner selbst?
Das ist einfach Verblendung. Und beendet wird das, diese Annahme, durch das Erscheinen des Nichtseins; in dem Raum, in den du dadurch kommst, siehst du das Erscheinen und Verschwinden ...

Des Seins selbst?
Ja, des Seins, wenn du so willst.
Können wir eine Pause machen?
Etwas später bei Kaffee und Schokolade:

Wenn es dir recht ist, würde ich gern zusammenfassend über ein paar Begriffe sprechen, die anscheinend nach und nach klarer werden: »Diese Sache« ist für dich das Nichtsein, und die Manifestation, wie sie dir erscheint – und die du auch Ich-bin nennst – wäre dann das Sein? Ist das so richtig?
»Diese Sache« wäre das Nichtsein, ja. Das ist vielleicht schon zu viel gesagt, aber, ja, so würde ich sagen. Sie ist das, was ...
Wieder greift das Schweigen Raum, darin das Piepsen einiger Vögel ringsum, irgendwo in der Nähe Hammerschläge und in der Ferne ein Rasenmäher.
Ja, sie ist das Nichtsein, aber zugleich noch vor dem Nichtsein. Sie ist das, was das Sein sein und dann das Ich-bin erscheinen lässt.

Und was ist das Sein im Hinblick auf das Ich-bin, im Hinblick auf die Manifestation? »Diese Sache«, sagst du, geht dem Sein und dem Nichtsein voraus; sie erlaubt dem Sein zu sein und sie erlaubt dem Ich-bin daraufhin zu erscheinen.
Sein, das ist die Präsenz, die dir eine Wahrnehmung über das

Ich-bin, über das Ich hinaus erlaubt. Jeder Mensch erlebt hier und da mal einen Augenblick der Stille, wo plötzlich nur noch Präsenz da ist ...

Die Präsenz »dieser Sache«?
Nein, seine eigene. Das Erscheinen des Seins im Nichtsein zu sehen, das ist so: Diese absolute Wirklichkeit lässt einen wahrnehmen, dass man noch nicht einmal vorhanden ist. Daher das Gefühl einer unpersönlichen Präsenz, die alles erfasst und alles unter ihre Herrschaft bringt.
Jean Klein hat das schön formuliert, als er vom »Nichtvorhandensein des Nichtvorhandenseins« sprach.

Nichtvorhandensein des Gefühls zu existieren und das Nichtvorhandensein dieses Nichtvorhandenseins?
Solange du das Sein spürst, besteht auch das Bewusstsein zu existieren, wenn auch im Hintergrund. Das ist noch im Ich-bin.

Worin liegt der Unterschied zwischen dieser unpersönlichen Präsenz, also dem Sein, und dem Ich-bin?
Im Kern ist das Ich-bin der Glaube, ein Körper und ein Denken zu sein. Du glaubst es nicht nur, du *bist* es. Du bist völlig darauf ausgerichtet. Du bist Yolande dies oder Yolande das, und dies hat sie gemacht, und das sollte sie noch schaffen. Das Ego blendet dich total. Es lässt dich die Welt nicht sehen, wie sie ist – und erst recht das Nichtsein lässt es dich so wenig sehen, dass du es nicht einmal ahnst. Du existierst, Schluss. Du existierst für nichts anderes als ***deine*** Person.

Hier sprichst du vom individuellen Ich-bin. Manchmal stellst du es aber auch als die Gesamtheit des Manifestierten dar.
So kann man es auch sagen. Hier habe ich es dir eher als Person dargestellt. Und dann scheint manchmal etwas durch, eine Prä-

senz, diese unpersönliche Präsenz, die dich spüren lässt, dass es noch anderes als das kleine Ich gibt.

Halt mal! Wenn diese Präsenz das Sein ist … das Sein, das dem Ich-bin vorausgeht … dann erscheint die Präsenz doch im Ich-bin! Oder habe ich mich jetzt vertan?
Ja, das Wort habe ich verwendet. Präsenz, Stille, das ist immer noch im Ich-bin. Auch die Stille, sofern das Wort gemeint ist. In einem sehr subtilen Sinne könntest du »diese Sache« auch so bezeichnen: als absolute Wirklichkeit, als Liebe, reines Bewusstsein, Nichtsein oder eben Stille.

Aber die Stille ist da noch eine Manifestation. Noch eine Wahrnehmung. Man kann eigentlich nicht sagen, sie sei »diese Sache«, die jenseits von Sein und Nichtsein ist … oder doch?
In diesem Sinne gehört die Stille zum Manifestierten, ja. Weil wir darüber reden. Wenn wir nämlich über die Wahrnehmung sprechen, ist sie zwangsläufig etwas, das zum Hintergrund gehört. Aber solange wir Worte verwenden und ich etwas über »diese Sache« sagen möchte, die ständig da ist, kommt mir das Wort »Stille«. Schließlich ist die Stille das, was dir in »dieser Sache« zu bleiben erlaubt, die jenseits der Worte ist, jenseits von allem, was erscheint und verschwindet. Von diesem Schweigen aus verfolgst du das Erscheinen und Verschwinden von allem. »Stille«, »Präsenz« – das sind Wörter, die dem am nächsten kommen.
Es ist schwierig, das in Worte zu fassen. Man kann über die Intensität sprechen, über diese Stille, sogar über die Körperempfindung, die sich einstellt und dann zunimmt … manchmal so weit, dass sie alles überschwemmt … und auf einmal keine Gedanken mehr, keine Idee … nichts – nichts als diese Intensität, die allen Raum einnimmt. Aber von »dieser Sache« sprechen zu wollen, von ihr selbst, von »dieser Sache«, die ständig da ist – ich glaube, das geht nicht. Es ist nicht möglich, »dieser Sache« ein Wort

anzuhängen, und so ist sie eigentlich das, was nicht benannt werden kann. Schon wenn wir über sie sprechen, schon wenn wir die Absicht haben, über sie zu sprechen, erzeugen wir einen Hintergrund. Welches Wort es auch sei, es liegt immer daneben.

Da müsste man schon ein Dichter sein.
Um das Unaussprechliche, das Unnennbare zu sagen, ja. Sobald du zu erklären versuchst, sprichst du von etwas, das in diesem Raum auftritt, der sich nicht demarkieren, der sich nicht fixieren, der sich ... gar nichts lässt.

»Diese Sache« lässt sich nur negativ ansprechen, nur als all das, was sie nicht ist: jenseits des Raums, jenseits des Sichtbaren, jenseits des Sagbaren, des Endlichen, des Unendlichen, des Seins, des Nichtseins. Man kann nicht sagen, was sie ist, nur aufzählen, was sie alles nicht ist. Stimmt das?
Haargenau.
Du kannst natürlich versuchen, darüber zu sprechen, Erklärungen zu geben, aber dann sprichst du nur über das, was passiert, und nicht über das, was ist. Es lässt sich nicht sagen, was »diese Sache« ist. Wenn du es versuchst, sprichst du bereits über das, was in ihr erscheint. Aber du spürst, was sie eigentlich ist, nämlich das, wodurch alles andere sein kann.

Dann ist sie nichts anderes als das, was sie ist?
Dann ist sie nichts anderes als das, was sie ist.

SPIEGELUNGEN

Am Abend ist es mir unmöglich, mich noch einmal mit den Themen des ausklingenden Tages zu befassen – zu viele Fragen, zu viele Worte, zu viele Vorstellungen, in meinem Kopf verwirrt sich alles. Was für ein Vorhaben auch, dem Schmetterling des Unsagbaren in den klobigen Pantinen des Intellekts nachzusteigen! Als ließe sich das nicht Erkennbare in den beschränkten Raum des Verstandes sperren.
Als die Nacht heraufzieht und mich einhüllt, fühlte es sich so an, als wartete ich gespannt auf etwas. Aber auf was? Dass sich das Geheimnis offenbart?
Mit einem ratlosen Seufzer hebe ich die Schultern.
Bleib lieber auf deinem Platz: dem der Zeugin. Nimm hin, dass du nicht mehr von der Wirklichkeit erfasst als ihre Widerspiegelungen, die Worte, das Schweigen, die wechselnden Ereignisse, in denen sie sich, selbst unwandelbar, manifestiert.

11
NICHT-BEZIEHUNG

»Die Vorstellung, ein gesondertes Individuum zu sein, eine gesonderte Wesenheit, ist falsch. Es gibt keine eigenständige Wesenheit. Ihr seid eins mit den Sternen, dem Mond, den Pflanzen, den Steinen, der Gesellschaft.«
Jean Klein

Gestern hast du gesagt, du siehst die Welt wie ich. Das finde ich erstaunlich, es entspricht nicht dem Eindruck, den ich habe. Kannst du zu diesem Thema noch mehr sagen?
Als ich Yolande war, habe ich nicht die Welt, sondern meine Gedanken gesehen. Ich habe wohl die Bäume ringsum gesehen, aber wie aus der Ferne, ich habe sie nicht gefühlt. Ich habe mich so sehr für meine Gedanken, meine Ideen, meine Person gehalten, dass ich sie dann auch gesehen habe. Ich habe etwas gesehen und mir gesagt, dass es ein Baum ist; alles in allem blieb es dabei. Das Gleiche bei den Menschen, den Vögeln, dem Himmel. Du siehst den Himmel dann nicht mehr wie früher, so viel ist sicher. So ein Himmel – grandios! Ich habe ihn, glaube ich, noch nie so gesehen, bis ...
Ich will versuchen, das zu erklären. Es ist das erste Mal. Ich würde sagen, dass du unter diesen Umständen nicht in direktem Kontakt mit dem Vorliegenden sein kannst ...

... weil da zwei sind. Da ist der Himmel und dann bist du da. Der Himmel ist da, und du bist hier.
Weil da zwei sind? Ja, so könnte man es sagen.
Dann hast du Leute, die ihr ganzes Leben in ihrem Kopf zubringen. Die Natur ringsum sehen sie nicht.

Aber sie haben den Eindruck, dass sie sie sehen!

Ja, sie glauben es. Ich habe auch den Himmel gesehen und dabei nicht gesehen. Es war etwas ganz anderes als das, was ich heute sehe. Heute habe ich in meinen Visionen diesen ungeheuren Himmel und diese gewaltige Sonne – und wie schön das ist! Es ist noch schöner als jetzt, wenn ich sie im normalen Wachzustand sehe. Und trotzdem ist es auch jetzt so, dass ich einen über den Himmel ziehenden Vogel in meinem Körper spüre; die Musik im Radio erklingt über die Schwingungen in meinem Körper.

Kurzes Schweigen zwischen Amseltrillern und dem Knirschen von Rädern auf dem Kiesweg. Im Radio singt Aznavour davon, wie er jedes Gespräch mit »ich« begann – »Je précédais de moi toute conversation.«

Gut, ich will versuchen, noch ein Stück weiter zu gehen. Wenn sich urplötzlich Stille in deinem Kopf und in dir ausbreitet, wenn du auf einmal nicht mehr auf das reagierst, was sich in deinem Kopf abspielt, dann bist du automatisch da, das ist die Stille. Dann bleibt dir nichts mehr zu tun, als zu betrachten, was wirklich da ist – nicht was du denkst, nicht was du dir vorstellst, nicht was du glaubst. Und betrachten, wahrnehmen – das geschieht nicht mehr mit den Augen oder Ohren und nicht einmal mit dem Tastsinn, es geschieht in dieser Nicht-Beziehung.

Nicht-Beziehung?

Nicht-Beziehung, das heißt für mich, dass ich von »dieser Sache« ergriffen worden bin, die mir nicht mehr erlaubt, zu glauben, ich sei eine Person. Da bin ich dann in einer Nicht-Beziehung zu mir selbst. Und die Nicht-Beziehung zu dir selbst gibt dem Augenblick Raum.

Die Nicht-Beziehung zu dir selbst gibt dem Augenblick Raum?

Wenn die Person nicht da ist, bleibt Raum für diese Intensität, diese Stille, die dir erlaubt, den Augenblick zu spüren, zu sehen.

Solange du dich für eine Person hältst, hast du keine Zeit, dich tief auf die Empfindung und die unmittelbare Wahrnehmung einzulassen, weil du ganz in deiner Vergangenheit und Zukunft, deinen Gedanken und Gefühlen befangen bist. Du lässt den gegenwärtigen Augenblick nicht wirklich leben, nicht wirklich sein. Statt im Fluss zu sein, unterhältst du eine Beziehung zu dir selbst, und diese Person, die du zu sein glaubst, reißt alles an sich und möchte es in ihrem Sinne verändern.
In der Nicht-Beziehung können wir den gegenwärtigen Augenblick fühlen, diese Intensität; und wir haben Klarheit über das, was tatsächlich vorgeht. Sie eröffnet uns auch die Möglichkeit, uns wirklich und ganz lebendig zu fühlen.

Ist es so, dass der gegenwärtige Augenblick immer da ist, ich ihn aber nicht fühle, wenn ich mich für eine Person halte?
Der Augenblick ist auch da, wenn du ihn vom Standpunkt der Person aus betrachtest, aber du siehst ihn nicht, wie er ist, deine Reaktionen verändern ihn. Ohne diese Einmischung bleibt er, was er ist. Wenn du von diesem Raum aus schaust, bist du in der Intensität, im Fluss, und das ist viel realitätsnäher, als wenn du von deinem Denken aus schaust. In der Nicht-Beziehung hast du Gelegenheit, den gegenwärtigen Augenblick wahrzunehmen, und du erlaubst ihm, sich so zu zeigen, wie er ist.

Dem Bewusstsein?
Ja.

Dann kommt es nicht zur Einmischung des Denkens?
Gedanken können dann noch auftauchen, aber sie machen den Rest nicht mehr unkenntlich, sie treten im Hintergrund auf. Du gehst ihnen nicht mehr auf den Leim. Es kommt natürlich vor, dass du ganz von etwas absorbiert bist, was du gerade tust, aber selbst dann fühlst du die Präsenz, diese Intensität, die immer da

ist und alles in den Hintergrund treten lässt. Unverhofft findest du dich dann auf einmal wieder bei »dieser Sache«, und zwar noch viel intensiver, und du realisierst, dass du dieses Sehen, das sieht, sekundenlang oder minutenlang weniger gespürt hast.

»Dieses Sehen, das sieht« – bei diesem Ausdruck laufen mir Schauer über den Rücken.
Es gibt nichts außer diesem Sehen. Es gibt nichts anderes als »diese Sache«, in der alles Existierende erscheint, sei es konkreter Natur, also die Dinge und Phänomene, oder abstrakt wie Gedanken und Gefühle.
Die Kraft liegt in der Einheit, in »dieser Sache«, die sich nicht benennen lässt. In dem, was erscheint, kann keine Trennung bestehen, weil die Kraft in der Einheit liegt.

Dann ist »dieses Sehen, das sieht«, die Einheit und zugleich die Gesamtheit?
Ja, sie lässt dich alles als eins sehen.

DER DUFT DES NICHTVORHANDENSEINS

Sonderbare Nacht, so verstört und voller Unbehagen. Körper und Geist kommen und gehen wie zwischen Wachen und Schlaf schwebend. Yolandes Worte gehen mir nach. Eigentlich weniger die Worte selbst als ihr Duft. Es ist der Duft eines Nichtvorhandenseins, ihres Nichtvorhandenseins. Der Duft von etwas, das vor ihr da ist, einer Präsenz, in der sie aufgegangen ist.

Präsenz …

Ich kenne den Duft dieser Präsenz. Sie hat mich oft besucht, und ich habe gelernt, diese besondere Ruhe zu erkennen, dieses Schwingen in der Luft, in der Stille, in meinem Körper – Augenblicke, die so viel weiter sind als mein Körper; und dieses Lächeln, wie ein Ankerplatz ohne Ort, von dem mich dann nichts losreißen kann.

Ja, ich kenne den Duft der Präsenz, des Seins, wie Yolande sagt. Was ich nicht kenne, ist der Duft meines Nichtvorhandenseins. Dieses Nichtvorhandensein meiner Person – was mag das wohl heißen, und mehr noch, wie mag es sich anfühlen? Wie würde ich die Welt wahrnehmen, welcher Durst in mir würde endlich gestillt sein, wenn sich dieses »Ich« auflösen könnte?

Eine Frage steigt aus meiner bleichen Nacht mit nie gekannter Wucht auf: Wer bin ich? Wenn ich nicht dieser Körper bin, nicht diese Empfindungen, nicht diese Gedanken, wenn all das, wovon ich so lange überzeugt war – wenn auch nur im Kopf und nicht bis ins Mark –, wenn all das eine irrtümlich angenommene Identität war, was bin ich dann?

Die Frage hat in Indien Tradition. Ich bin ihr in den Werken dieses oder jenes Weisen immer wieder begegnet. Ich fand sie fesselnd. Wer bin ich? Aber es war für mich eine philosophische Frage, eine unter anderen, die meinem ohnehin überladenen Denken bald zu schwer wurde. Dann lebte ich einfach mein Leben weiter.

Heute Nacht ist alles anders. Die Frage hat etwas Dringliches bekommen, sie ist eine Obsession geworden, geradezu lebensnotwendig. Bei jedem Hochfahren meines von der zu schweren Decke fast erdrückten Körpers ist die Frage wieder da: Wer bin ich, wenn ich nicht dieser ächzende Körper bin? Immer wenn das Denken wieder einsetzen will und noch bevor es Besitz von mir ergreift, wieder die Frage: Wer bin ich, wenn ich nicht dieses Denken bin? Bei jeder Erinnerung voller Bedauern, jedem mit Erwartung befrachteten Plan, jedem flüchtigen Gefühl: Was bin ich, wenn ich nicht diese Last von Gefühlen bin, eines nach dem anderen?

Wie eine Litanei spult sich das in diesem trotz des geöffneten Fensters stickigen kleinen Zimmer ab, wie eine Schallplatte mit einem Sprung, ein Alptraum, in dem sich alles wiederholt und alles immer wieder auf diese eine Frage hinausläuft. Allerdings ist der Alptraum nicht gar so unangenehm, denn die Intensität, die mich zu dieser Frage hinzieht, hat durchaus ihren Reiz. Etwas von Wehmut liegt darin, als riefe mich ein Teil meiner selbst von weit, weit her und als wären alle meine verzweifelten Bemühungen, diesen Teil wiederzufinden, trotz meines großen Verlangens vergebens.

Dann kommt mir bei diesem mühsamen Forschen im Halbschlaf etwas, das Yolande am Abend unter den Sternen gesagt hat, leise, als wir die letzte Zigarette rauchten. Sie zitierte Nisargadatta Maharaj:

»Lebe einfach dein Ich-bin.«

Einfach …

Am Morgen bin ich düsterer Stimmung. Die altbekannte Wehmut, verschlimmert durch diese Nacht, nagt an mir, und ich wandere ziellos von der Kaffeekanne zum Balkon, vom Liegestuhl in mein Zimmer, wortkarg, der Blick im Nirgendwo.
Ich kann nicht einmal die verkrampften Kiefer lockern, es geht einfach nicht, sosehr ich möchte. Die Luft erscheint mir zum Schneiden dick, und ich hadere mit mir wegen dieser bleiernen Schwere, die alle meine Gesten entstellt. Wo ist nur die Leichtigkeit von gestern hin, dieses muntere Unter-einer-Decke-Stecken? Arme Yolande, was für unfruchtbare Seelenzustände lasse ich sie erdulden!
Nur dass sie bester Laune ist. Sie atmet, sie schon. Sie lächelt. Ich sehe sie kommen und gehen, ganz in sich ruhend wie immer. Sie genießt ihren Kaffee, ihre Zigarette, ihr Brot. Mir hat sie auch eins geschmiert, sie reicht es mir, als wäre das Schweigen zwischen uns das Allernatürlichste und dieses Klima das Köstlichste überhaupt. Und wenn man sie so sieht, glaubt man das schließlich auch. Nur ich bin so gefangen, so gequält.
Sicher bekommt meine Freundin meine üble Laune mit, aber sie macht keinerlei Anstalten, etwas dagegen zu unternehmen. Ihr Körper bewegt sich wie im Tanz, wiegt sich zurück, wenn ich vorrücke, vor, wenn ich zurückweiche, ohne mir auszuweichen, ohne mir nachzustellen, ist sie wie eine weiche, weite, bergende Wölbung um mich. Ich dagegen angespannt wie ein schussbereiter Bogen.
Nichts Wichtiges wird gesprochen. Belangloses auch nicht. Nichts. Ich könnte schreien, heulen, ich bleibe still. So schrecklich allein. Dennoch spüre ich ganz gut, auch in dieser Einsamkeit, dass eine Präsenz um mich ist. Yolandes Präsenz? DIE Präsenz?

Später wird Yolande einen Abstecher ins nächste Dorf vorschlagen. Es ist Sonntag, da liegt es nahe, frisches Brot zu holen. Auf dem Rückweg ein Kaffee auf der Terrasse vor dem Yachthafen. Die Schraubzwinge um meine Brust löst sich ein wenig. Endlich finde ich sogar ein paar Worte.
Und das setzt sich im anschließenden Zwiegespräch fort.

12
WER BIN ICH?

»Das höchste aller Güter ist das Selbst,
und in ihm wohnt das Staunen.«
Ibn Arabi

Voll und ganz leben, einfach leben, hast du gestern gesagt. Mir will scheinen, dass du damit nicht dasselbe meinst wie wir, die ...

Einfach – das ist vor dem Ich-bin, bevor man sich für eine Person hält.

Du hast vorhin von Wehmut gesprochen ... dass du dich von der Welt abgeschnitten fühlst, von »dieser Sache«. Auch das gehört zum Ich-bin. Und auch das muss voll und ganz gelebt werden.

Heute Morgen habe ich an das gedacht, was Ramana Maharshi über das Beantworten der Frage »Wer bin ich?« sagt. Hast du diese Methode schon ausprobiert?

Ist das wirklich eine Methode? Solange die Frage vom Verstand her kommt, bleibt sie auf dem Niveau der Methode – und nach meiner Erfahrung ist das zwecklos, weil ich dann auch vom Verstand her antworte. Aber wenn sie spontan auftaucht ...

Wenn du vom Verstand her antwortest, wie du sagst, dann weil du reagierst, bevor du die Antwort von selbst kommen lässt.

Ja. Und letzte Nacht war die Frage da, aber es kam keine Antwort. Ich stand einfach völlig ratlos vor dieser Frage. Da kam überhaupt keine Antwort, weder vom Verstand noch anderswoher. Alles kam zum Stillstand, die Frage blieb in der Schwebe, einmal, zehnmal, zwanzigmal – bis mir dein »einfach« wieder

einfiel. Ja, einfach, ohne Einmischung der Person. Nur dass gerade die, die sich für eine Person hält, das nicht »machen« kann.

Einfach bei der Frage bleiben, ohne verstehen oder die Antwort wissen zu wollen. Alles, was sich zeigt, im Hintergrund lassen. Und alles annehmen, was kommt, sei es Ekstase oder Unbehagen. Du bleibst mit deiner gesamten Aufmerksamkeit bei dieser Frage ohne Antwort, in diesem Raum der Stille, und vor allem nimmst du diesen Raum, wie er ist – still, nicht mit dem Verstand. Vom Verstand her kannst du dir sagen, dass alles im Hintergrund ist, alles existiert, alles ist da, alles erscheint, aber es erscheint in der Stille und genau da, wo die Frage ohne Antwort bleibt. Wirklich, nimm das vollkommen an, dabei aber ... einfach.

Viele glauben ja, dass Erleuchtung, Verwirklichung, eine ganz umwälzende Geschichte ist, mit großartigen Lichterscheinungen in allen Farben ... Und wenn es einfach das war? Nur diese Augenblicke des allumfassenden Einen? Wenn es einfach das war? Und nachher überlässt du dich ganz einfach der Ruhe, dieser Gemütsruhe, dieser Stille. Nach und nach geht dir auf, wie viel Leichtigkeit es dir gibt, zu sehen, dass wohl alles noch da ist, aber eben im Hintergrund – es ist nicht du. Kein Grund also, ein Drama daraus zu machen.

Seit einigen Stunden stelle ich fest, dass diese Frage sich eigentlich in den Vordergrund schiebt, wenn sie so lebenswichtig wird, so dringlich. Aber selbst wenn diese Frage dann Unbehagen bedeutet und nicht Gemütsruhe, wie ich erwartet hätte, selbst wenn sie Unfrieden ist und nicht die Stille, die du erlebst, sorgt sie doch dafür, dass alles Übrige tatsächlich und wie von selbst in den Hintergrund rückt. Geht es dann darum, beim Vordergrund zu bleiben, bei dieser Frage, diesem Unbehagen?

Bleib beim Unbehagen, ganz und gar. Lass es dich völlig überfluten, so entsteht Raum für die Stille, für heitere Ruhe. Überlass dem Unbehagen ein für alle Mal die Oberhand, und es wird dir zeigen, wer du wirklich bist – ohne dass du eine Antwort hättest. Aber du wirst alle Antworten haben.

Ja, dabei bleiben, das klingt einfach ... wenn man erst einmal einen Geschmack der Frage hat, ist sie keine Abstraktion mehr.
»Einfach« – das sagen die großen Weisen alle. Antwortet auf die Frage »Wer bin ich?«, und ihr hört alles Übrige als Negation – einfach weil alles Übrige das ist, was ihr nicht seid. Und sie sagen es so einfach, aber die Leute fassen das so kompliziert auf, dass sie nicht dazu kommen, diese Einfachheit des Lebens, der Wirklichkeit, zuzulassen.

Allerdings muss die Frage spontan kommen.
Aber gerade dadurch, dass du der Stille Raum gibst, wenn sie sich zeigt, kann die Aufmerksamkeit bei ihr bleiben, ohne wieder abzuschweifen. Das ist so einfach und zugleich durchschlagend. Da ist nichts anderes als dieser Raum der Stille – alles Übrige erscheint und verschwindet, aber es ist nur das vorhanden, was allem Übrigen vorausgeht, und die Aufmerksamkeit bleibt ganz und gar bei diesem Raum. In diesem vollkommenen Annehmen kommt Demut auf, Wahrheit. Und auf einmal siehst du klarer, ganz einfach, ohne verstehen zu wollen.

Es ist nur so, dass du ständig von einem Ort oder Nicht-Ort sprichst, der wie ein Raum der Stille, der Ruhe ist, während der Raum, den ich gerade erlebe, unbehaglich ist. Gut, das Unbehagen nimmt den Vordergrund ein, und das hat es mit dem gemein, wovon du sprichst, aber es ist eben unbehaglich.
Das ist das Unbehagen, das eben jetzt nicht akzeptiert wird. Folglich bleibt es – bleibst du als Person – automatisch »an der Macht«.

Es als »Unbehagen« zu bezeichnen, das ist immer noch das Ich-bin?
Auch das muss gesehen und angenommen werden.

Das Witzige daran ist: Kaum hatte ich dir gesagt, dass es Unbehagen ist, da war ich mir schon nicht mehr sicher, ob es wirklich so ist. Das Gefühl war wie in der Schwebe gehalten, ungefähr wie in dem Augenblick, bevor man loslacht oder niest. Und jetzt regt es sich wieder – es zittert, wo es vorher starr war.
Das jetzt eintretende Schweigen wird eine Weile anhalten. Wir genießen es in unseren Liegestühlen. Die warme Mailuft ist voller Tschilpen, Trillern und Zwitschern. Fünf Minuten vergehen. In mir ist alles Bewegung, Rhythmus, wogende Wellen. Die Frage ist noch da, die Suche nach Antwort nicht. Und das Unbehagen ist einem Staunen gewichen. Minuten dehnen sich zu Viertelstunden.
Erinnerst du dich an den Satz von Ibn Arabi? Er sagt: »Das höchste aller Güter ist das Selbst, und in ihm wohnt das Staunen.« In dieser Stille, dem tiefen Erstaunen, ist für nichts anderes als diese Betroffenheit Raum – wenn du sie einmal geschmeckt hast, bist du in einer Art neutralen Zone, in einer Stille, die allen Raum einnimmt. Jeder Augenblick ist dann dieser Stille geweiht, diesem tiefen Staunen – und dein Ich-bin, womöglich sind alle Wunder dieser Welt in ihm. Und deine gesamte Zeit, deine gesamte Aufmerksamkeit ist der Stille geweiht.
All die Leute, die einen spirituellen Weg gehen, sie würden so gern, so gern loslassen. Ja. Aber wie lange möchten sie ihre Aufmerksamkeit auf diese Betroffenheit, dieses tiefe Erstaunen richten, wenn es denn einmal da ist? Wenn Augenblicke der Leichtigkeit eintreten, der Stille, des »ich weiß nicht« – wie viel Zeit möchten sie da verbringen? Sehr wenig. Jedes Mal kehren sie zu ihrem Ich-bin zurück und *sind* es dann auch.

Mit der Stille ist es eben so, dass man sie verdinglichen kann. Wenn sie da ist, empfinde ich sie meistens sofort im Ich-bin. Dann erlebe ich sie als einen angenehmen, wunderbaren Zustand, von dem ich nicht wieder lassen möchte. Ich bin es, die diese wonnige Ruhe genießt. Da ist dann nicht mehr die Intensität, die ich im Augenblick spüre, dieses intensive Fragen, das mich samt der Stille in den Hintergrund zieht. Da ist dann vielmehr ein Gefühl der Befriedigung: Mich befriedigt dieser Zustand, ich habe ihn verdinglicht, und dann sage ich mir: »Sofern er anhält.« Da ist er doch eigentlich im Hintergrund ...

Das Ich-bin ist sowieso sehr einfach. Nimm das Einfache an, wie es ist, damit Raum für die Gesamtheit entsteht.

Die Gesamtheit dessen, was sich manifestiert?

Ja, die Gesamtheit des Erscheinenden. Und dass du diesen Raum, in dem diese Stille und die Gelassenheit zusammen mit deinem Ich-bin sind, zu einer Sache machst, könnte daran liegen, dass das alles zu einfach ist; so einfach, dass dein Verstand es vereinnahmt und kommentiert. Vielleicht kannst du also deine Aufmerksamkeit so bei der Einfachheit »dieser Sache« halten, dass sie mehr und mehr Raum einnimmt und immer stärker wird.

Anstatt sie wegzuwischen, weil sie so einfach ist ...

Sogar wenn sie weggewischt wird, kannst du dir sagen, dass nur der Verstand sie wegwischt und dass alles im Hintergrund geschieht. Lass »diese Sache« in ihrer ganzen Einfachheit im Vordergrund – bevor du diese Person bist, die sich sagt: »Das hört ja doch wieder auf« oder »Mein Ich-bin wird wieder die Oberhand haben.« Vielleicht einfach diese Einfachheit der Stille nehmen, wie sie ist ... vor allem wenn sie sich spontan einstellt, wenn du gar nicht vorhattest, sie aufzusuchen. Diese Einfachheit annehmen, bevor du irgendwer bist.

DAS ERSTE ÖFFENTLICHE GESPRÄCH

Ein Freund, der vor an die hundert Zuhörern einen Vortrag halten wollte, musste vor einer Woche ins Krankenhaus und hat Yolande gebeten, für ihn einzuspringen.
Vier Stunden noch, bis Yolande vor ihr erstes Publikum tritt – um nichts in der Welt würde ich mir das entgehen lassen.
Eben erspähe ich Yo, und sie erzählt mir: »Ich habe ihn im Krankenhaus angerufen, um zu hören, was es Neues gibt, und zu erfahren, ob ich mich irgendwie nützlich machen könne. Er sagte: ›Der Kurs – es wäre schön, wenn du ihn übernehmen könntest.‹ Da war ich erst einmal baff. Aber so sind die Launen des Lebens nun mal. Und da bin ich nun.«
»Lampenfieber?«
»Ein bisschen schon. Vor achtzig Leuten sprechen … Ich sage mir: ›Was machst du da?‹ Aber ich vertraue ›dieser Sache‹, die weiß.«

13
DAS LEBEN ZIEHT VORBEI WIE EIN TRAUM

»Ich schaute in mein Herz, und dort habe ich Ihn erblickt.
Er war nirgendwo sonst. Ich bin weder Christ noch Jude,
noch Zoroastrier, noch Muslim, ich bin nicht aus dem
Morgenland noch aus dem Abendland, nicht vom Land
und nicht vom Meer. Ich habe die Zweiheit abgelegt,
ich habe gesehen, dass die beiden Welten nur eine sind.
Ein Einziges suche ich, ein Einziges erkenne ich,
ein Einziges sehe ich, ein Einziges rufe ich.«

Rumi

Da sind wir nun alle und haben keine Ahnung, was wohl gesagt werden wird. Im Unterschied zu manchen von Ihnen besitze ich keine Kenntnisse, ich trage kein intellektuelles, spirituelles oder metaphysisches Gepäck bei mir. Aber ich glaube an die Kraft der Stille, dieser Stille, die mich vor fünf Jahren ergriffen hat – und ***sie*** ist es, die weiß, die handelt.
Ich bin überzeugt, dass ein Augenblick im Leben eines Menschen so viel wiegt wie ein ganzes Leben. Im Nu, blitzartig, kommt es zu dieser Ergriffenheit, einer »Abschaltung«, und etwas eben noch Unbekanntes zeichnet sich ab. Für mich war das die Entdeckung der Stille in meinem Kopf.

Der Stille?

Es ist ein tiefes Erstaunen und eine allgegenwärtige Klarheit, die allem vorausgeht. Eine Präsenz, eine Stille, stets und ständig gegeben und folglich *vor* allem Übrigen – vor meinen Gedanken und Gefühlen, vor der Welt, die ich wahrnehme.

Seit diesem Sommertag vor fünf Jahren, an dem »diese Sache« in den Vordergrund trat, erscheint alles, absolut alles, was erscheint, im Hintergrund.

»Diese Sache«?
Ja, »diese Sache«, die allem vorausgeht. Durch sie sind wir, was wir sind.

Können Sie sie benennen oder beschreiben?
Man kann sie Stille, Kraft, Liebe nennen ... Man kann ihr alle möglichen Namen geben, aber es sind lauter Worte. »Diese Sache« ist jenseits der Worte. Wenn ich trotzdem über sie sprechen will, muss ich hinzufügen, dass sie ein tiefes Gefühl ist, eine tiefe Überzeugung.

Sie haben von einem Abschalten gesprochen. Was wird denn da abgeschaltet?
Man sieht noch dasselbe wie vorher, aber es ist dann so, als wäre da etwas, das alles sieht, das sieht, was sich in einem und ringsum abspielt, und es sieht zugleich auch diesen Raum – einen Raum, in dem alles, wofür wir uns gehalten haben, zunichte wird. Anders gesagt: Man sieht immer noch dasselbe, aber man identifiziert sich nicht mehr damit. Diese Verbindung ist unterbrochen, das meine ich mit »abgeschaltet«. Damit setzt ein Prozess der Klärung ein. Anfangs ist es so, dass man noch an die Realität des Körpers und der sogenannten äußeren Dinge glaubt, selbst wenn man sich nicht mehr mit seinen Gedanken identifiziert, sie nicht mehr glaubt, sie nicht mehr für real hält. Diese Ablösung nimmt dann ihren Fortgang und dehnt sich auf alles aus, die Persönlichkeit, die Individualität, den Körper, die äußere Wirklichkeit – bis gar nichts mehr übrig ist.
Ich würde sagen, dass man am Anfang von etwas gepackt wird, urplötzlich, und von einem Augenblick auf den anderen sieht

man die Dinge von einer anderen Warte aus. Dann tut sich einem diese Klarheit auf, eine zunehmende Klarheit. Es ist eine wachsende Überzeugung, das Leben wird immer einfacher.

Gab es für Sie etwas, was Sie darauf vorbereitet hat?
Keinerlei Vorbereitung. Sicher, es gab dieses vage Ungenügen, das jeder kennt. Manchmal habe ich mich gefragt, weshalb ich von allem immer mehr brauche – mehr Umtrieb, mehr Aufregung, mehr Erfolg, mehr Liebe. Aber von dieser verschwommenen Unzufriedenheit abgesehen, nein, da war gar nichts. Kein Glaube, keine Religion, keine Lektüre, kein spirituelles Forschen, keinerlei Vorbereitung oder Einstimmung. Aber dann plötzlich dieses tiefe Erstaunen.

Das kam plötzlich?
Ganz von selbst, ja. Eine Stille, eine Klarheit, die einem deutlich macht, dass man auf dem falschen Weg war, dass man überhaupt nicht das ist, was man zu sein glaubte, nichts davon. Natürlich entwickelt sich diese Klarheit dann nach und nach.

Wie ist es denn passiert?
Ich war im Wohnzimmer. Dann fiel mir die Stille in meinem Kopf auf. Es war derart verblüffend, dass ich angefangen habe, mich zu beobachten. Diese Leichtigkeit, dieses Wohlgefühl ... ein wirklich schönes Erlebnis.

Nach der ersten Verblüffung, wie ging es da weiter?
Zuallererst habe ich die Schönheit der Stille empfunden, die sich in meinem Kopf ausbreitete und den gesamten Raum einnahm. Die Stille schafft auch den Raum für die Intensität: die Wahrnehmung des Körpers, aber auch von etwas Größerem als dem Körper, lebendig, unaufhörlich in Bewegung.

Ich komme auch manchmal in Zustände dieser Art, Augenblicke der Stille, des Friedens ... aber sie verlassen mich wieder. Dann ist das Leben wieder normal, und mir bleibt nur das wehe Verlangen nach diesen Augenblicken.
Sie dagegen, Sie erleben diese Sehnsucht nicht ...
Wie? Sehnsucht nach was ...? *(Allgemeines Gelächter)*

Hat Ihre Erfahrung körperliche Veränderungen mit sich gebracht?
Die Sensibilität entwickelt sich, aber ganz von selbst. Es stellt sich eine ganz außerordentliche, um ein Vielfaches gesteigerte Wahrnehmung der Dinge ein. Man ist Wahrnehmung, Empfindung, jeden Moment.

Ist noch Emotionalität vorhanden?
Ja, aber im Hintergrund. Das ist ganz anders als früher. Der Raum, in dem sie erscheint, die von »dieser Sache« geschaffene Distanz, sorgt dafür, dass die Emotionalität keine Aufhänger mehr findet.

Und Gedanken?
Die Stille ist immer da. Gedanken tauchen in der Stille auf.

Was meinen Sie mit dem Wort »Klarheit«?
Ein tiefes Fühlen, eine Überzeugung. Dieses Fühlen, dieses Empfinden sieht sich an, was ich zu sein glaube, und lässt mich wissen, dass ich das nicht bin.

Wie sehen Sie die Welt?
Als ginge sie mich nichts mehr an. Ich sehe sie im Hintergrund. Mir genügt es, das Leben vorbeiziehen zu sehen wie einen Traum.

Und den Tod?
Der Tod ist im Hintergrund, es gibt ihn nicht. Für mich besitzt er keine Realität.

Besteht noch eine Identität?
Ich bin jemand, dem es genug ist, den Traum des eigenen Lebens zu verfolgen. Ich weiß nicht mehr, wer ich bin.

»Ich« – bedeutet das noch etwas?
Ich weiß nicht.

Empfinden Sie Dankbarkeit?
Ja, ununterbrochene Dankbarkeit.

Wie kommen Sie zu Entscheidungen, wie treffen Sie eine Wahl?
Dieses Fließen trifft meine Entscheidungen. Das geschieht von selbst, ich brauche nicht mehr zu denken. Und was dann geschieht, ist immer genau richtig. Anfangs habe ich immer noch ein bisschen zu denken und zu kalkulieren versucht wie früher. Es ging nicht. Es war, als würde die Stille immer größer werden, sich in meinem Kopf ausbreiten und ihn zum Schweigen bringen. Inzwischen habe ich vollkommenes Vertrauen entwickelt.

Wie sieht es mit dem Willen aus?
Ich habe keinen eigenen Willen mehr.

Das muss sehr erholsam sein!
Wie wenn man sein Gepäck abstellt. Man braucht sich dann nur noch aus allem herauszuhalten. Es herrscht vollkommenes Vertrauen, rückhaltlose Hingabe. Ich beobachte das jetzt seit fünf Jahren, und alles läuft so gut, dass mein Vertrauen grenzenlos geworden ist.

Hat das etwas an der praktischen Seite Ihres Lebens geändert – Arbeit, Umgang mit anderen?
Am Anfang, ungefähr zwei Jahre lang, habe ich mich äußerlich still gehalten, um das alles genau verfolgen zu können. Ich habe nicht gearbeitet. Ich habe die von »dieser Sache« bewirkten Bewegungen in mir verfolgt – beobachtet, gelauscht. Seit ein paar Monaten helfe ich einer Freundin in einem Restaurant aus. Äußerlich gesehen ist da viel los und viel zu tun, aber innen herrscht die gleiche friedliche Ruhe. Die Rückkehr ins aktive Leben hat mir gezeigt, dass mich nichts aus dieser Ruhe reißen kann. Mit dieser Ruhe im Vordergrund bleibt alles andere immer im Hintergrund.

Wie erleben Sie Ihre Gefühle? Haben Sie noch welche?
O ja, ich erlebe sie voll und ganz. Ich sehe sie kommen, und die Distanz erlaubt mir, alles zu fühlen, ohne mich damit zu identifizieren. All das erlaubt einem, Gefühle von Anfang bis Ende ganz zu erleben. Danach sind sie vorbei.

Angst auch?
Angst kann vorkommen, aber ... wie soll ich sagen? Sie wird so klar im Hintergrund gesehen, so bar jeder realen Existenz, dass sie kaum auftaucht ... alles geschieht in einem solchen Fluss! Es ist schwer zu erklären. Sagen wir einfach, dass ich keine Angst mehr habe. Es ist eine Art Eindruck, dass ich durch alles gehen kann.

Und Ärger?
Bis jetzt gab es noch keinen.

Haben Sie einen Rat für Menschen, die diesen radikalen Wandel noch nicht erlebt haben?
Rückhaltlos zu leben. Den gegenwärtigen Augenblick leben, dem Verlangen und dem Schwung folgen, wie sie sich gerade zeigen.

Nicht das, was getan werden muss, sondern das, was kommt, was jetzt da ist.

Hat das Leben in Ihren Augen einen Zweck, einen Sinn?
Einen Zweck? Nein. Einen Sinn? Nur den, glaube ich, die Intensität des Augenblicks zu erleben.

Fühlen Sie sich nicht ein bisschen einsam?
Nein, nie. Man erlebt immer irgendetwas. In diesem Raum sind Sie nie einsam.

Beklemmung erleben Sie auch nicht mehr, nehme ich an.
Auch Beklemmungen sind im Hintergrund.

Können Sie sich in andere einfühlen, die Menschen in Ihrer Umgebung?
Ja, ich fühle mich verbunden, denn alles Ich-bin, alles Manifestierte ist in mir. Andere – das gibt es gar nicht; alles gehört zum Ich-bin, zu dem, was Augenblick für Augenblick in »dieser Sache« erscheint.

Und uns sehen Sie wie?
Ich sehe Sie in diesem Traum.

Ihr Traum oder ein kollektiver Traum?
Unser kollektiver Traum.

Fühlen Sie sich beschützt, mehr als früher?
Ich habe nicht mehr das Gefühl, da zu sein ... sagen wir also ja. Ich bin im Hintergrund. Den Vordergrund nimmt die Stille ein, diese Ruhe, diese Präsenz. Ich fühle mich zu allem bereit ... auch wenn ich nicht mehr da bin. Diese Kraft hat die Führung. Sie weiß, was sie zu tun hat.

Ist dann kein Ich mehr vorhanden?
Intensität ist vorhanden, und sie verhindert, dass sich das Ich immer wieder neu formiert.

Der Filter der Ichbezogenheit ist weg?
Ich würde lieber sagen, dass es zu einer Verschiebung der Identifikation gekommen ist. Früher war ich einfach nur mein Körper und meine Gedanken. Dann kam es zu dieser plötzlichen spontanen Kehrtwende. Das führte zu einer kompletten Verschiebung der Identität, und jetzt nimmt »diese Sache« so ausschließlich den Vordergrund ein, dass alles, absolut alles in den Hintergrund gerückt ist.

Hat sich Ihre Beziehung zu anderen verändert?
Die hat sich genauso verändert wie die Beziehung zu mir selbst. Es ist eine Nicht-Beziehung, obwohl natürlich Austausch stattfindet. Alles, was im Hintergrund ist, hat aufgehört, Beziehung zu sein, wie es früher war. Es ist eher wie Gleichzeitigkeit, Verschmolzenheit.

Ist das ein Gefühl von Einheit?
Ja, weil alles im Hintergrund ist, alles, was ist, alles zugleich.

Bedeutet das für uns, die wir seit Jahren suchen, meditieren und praktizieren, dass eigentlich gar nichts getan werden muss?
Vertrauen Sie dem tiefen Verlangen, das Sie ja schließlich auf den spirituellen Weg gebracht hat. Dieses Verlangen vermittelt Ihnen, ohne Ihr Zutun, ein Gefühl von Existenz, und genauso spontan wird es Ihnen ein Gefühl von Nichtvorhandensein erschließen. Lassen Sie es also gut sein, vertrauen Sie dem, was Sie sind, was wir alle im Grunde sind. Und leben Sie in dieser Intensität voll und ganz das, was der gegenwärtige Augenblick bietet.

Sie geben dem Wort »Intensität« eine andere Bedeutung als wir, oder irre ich mich da? Intensität liegt für uns in den Gefühlen, für Sie in der Stille. Oder ist die Intensität, die wir fühlen, ebenfalls ein Widerschein der Stille?

Ja, ein Widerschein. Was wir in jedem Augenblick fühlen, ist ebenfalls diese Intensität: die Intensität dessen, was sich uns im gegenwärtigen Augenblick zeigt.

Eben fällt mir noch etwas zu dem ein, was ich »Überzeugung« genannt habe. Genauer gesehen war es so, dass es zu einer spontanen Einsicht in dieses Gefühl des Existierens kam und gleichzeitig in diese Blendung durch die totale Identifikation mit der manifesten Realität. Und das Nichtvorhandensein, dieser Umbruch, von dem wir hier reden, kam ebenfalls spontan. In beiden Fällen geht es also darum, das, was sich jeweils zeigt, in jeder Hinsicht voll und ganz zu erleben. Voll und ganz leben. Einfach und ganz. Alles führt in dieses Nichtvorhandensein, man braucht es nicht eigens zu suchen. Vertrauen Sie einfach »dieser Sache«, lassen Sie zu, dass sie die Oberhand gewinnt.

Es gibt viele Augenblicke im Leben, in denen die Person verschwindet und dann nur noch »diese Sache« da ist. Es sind Augenblicke der Freude, der Intensität, der Stille. In solchen Augenblicken gilt es, »diese Sache« zu sehen und zu erkennen ... und alles ihr zu überlassen.

Der radikale Umbruch bestünde dann darin, in der Stille zu bleiben, die wir alle schon für Augenblicke erlebt haben, anstatt im nächsten Augenblick zu unserer Geschichte zurückzukehren, zu unserer Person, ihren Belangen und so weiter.

Sehr richtig. Darin bleiben und Vertrauen zu »dieser Sache« fassen – wenn ich auch nicht weiß, wie. Sie kann alles, sie weiß alles in jedem Augenblick. Es geschieht spontan. Deshalb gibt es nichts weiter zu tun, als Vertrauen zu fassen.

Diese Augenblicke der Stille, die man manchmal während der Meditation erlebt – meinen Sie die?

Nicht nur bei der Meditation. Es kann irgendein Augenblick des Tages sein. Wenn man voll und ganz lebt, was das Leben bietet, ohne es festzuhalten, ohne es zu unterdrücken, ohne es zu benennen, wenn man Gefühle im ganzen Körper erlebt, wenn man vollkommen davon eingenommen wird, bevor man sie als Angst, Eifersucht oder Mangel und so weiter benennt – dann mündet das in die Stille.

Woher dann doch wieder die Unrast, wenn die Stille einmal eingetreten ist?

Das hat etwas mit Identifikation zu tun. Der Verstand schaltet sich wieder ein, noch stärker, und stellt Ihnen Fallen. Einmal in die Falle getappt, fängt man an, fest an sie zu glauben – und vergisst die Stille und diese machtvolle »Sache«, die auch noch da sind.

Irgendwann wird diese Identifikation schwächer, die Phasen werden kürzer. Dann ist es so, dass einem das, was man jeden Augenblick erlebt, zwar äußerlich real erscheint, aber innerlich weiß man, dass »diese Sache« da ist. Äußerlich gesehen machen Sie alles so, wie es jeder andere auch macht, aber innerlich regt sich gar nichts, weil die Aufmerksamkeit/Identifikation ständig bei »dieser Sache« ist.

Aufmerksamkeit und Identifikation sind in der Umgangssprache nicht das Gleiche. Ist es also auf »diese Sache« gerichtete Aufmerksamkeit oder Identifikation mit »dieser Sache«?

Für mich verweisen »Aufmerksamkeit« und »Identifikation« auf dieselbe Erfahrung.

Besteht für diejenigen unter uns, die Augenblicke der Stille kennen, sie dann aber wieder aus den Augen verlieren ... besteht für sie die Hoffnung, dass sie immer mehr in ihr bleiben können?

Ich kann nicht mit Sicherheit sagen, dass es so laufen wird, einfach weil es für mich anders kam. Es war nicht so, dass die Strecken der Stille allmählich länger wurden, sondern es kam zu einem plötzlichen Umbruch. Vielleicht kommt es so, vielleicht nicht, ich kann es wirklich nicht sagen.
Damit es dazu kommt, müssen die Augenblicke der Stille jedenfalls so stark sein, dass sie die Unrast aushebeln können, ohne dass es dazu einer Anstrengung bedarf.

Hat es dann für Sie überhaupt einen Sinn, solche Zustände der Stille zu suchen, sei es durch Meditation, Yoga, Gebet oder irgendeine Form der spirituellen Praxis?
Ja, das hat insofern einen Sinn, als es eben das ist, was in diesem Moment der Fall ist. Ich glaube, es ist notwendig, alles Erscheinende zu akzeptieren, sei es, dass man Yoga macht, meditiert oder andere spirituelle Praktiken betreibt. Das alles ist nur Erscheinung. Was aber eigentlich in diese Praktiken einfließt, wie es auch in alles andere im Leben einfließt, ist immer dieser Zustand, der allem vorausgeht.
Kurzum, lassen Sie alles geschehen, lassen Sie zu, dass da noch eine Person ist. Und lassen Sie diese Techniken und Praktiken sein, was sie sind, sie gehören zum Weg.

DIE KLEINE KATZE IST TOT

Anne beherbergt mich seit fünf Monaten, und nun ist ihre kleine Katze tot. Wundervolle Freundin, niedliche Katze – Siam-Prinzessin mit großen blauen Augen und zarter, schlanker Gestalt.

Ich bemerkte letzte Nacht eine unbekannte Ausstrahlung an ihr, als sie kam und sich neben mein Bett legte. Stille schien in ihr zu wohnen. In ihren blauen Augen, jetzt eher schwarz wegen der vergrößerten Pupillen, glaubte ich einen Hauch von Abschied zu spüren. Bildete ich mir das ein?

Am Vormittag dann tat die so unbeweglich gewordene Tänzerin ein paar angedeutete Schritte im Gras. Mit zitternden Schnurrhaaren schnupperte sie an allem und betrachtete alles in dieser vertrauten Welt, wissend, wie ich hätte schwören können, dass sie sie jetzt verlassen würde. Diese große Ruhe in ihrem kleinen Körper. Diese Zartheit.

Dann starb sie.

Traurigkeit ist in das alte Haus eingekehrt. Ist es Annes Traurigkeit oder meine? Ich weiß es nicht, und es erscheint mir jetzt auch bedeutungslos, das unterscheiden zu wollen. Traurigkeit ist spürbar vorhanden. Doch ich bin nicht traurig, und das ist rätselhaft.

In diesen langen Minuten der pulsierenden Stille zeigt sich die Traurigkeit nicht als Gefühlsregung. Alle meine Zellen wie in heller Aufregung; vielmehr, alle Zellen wie erstarrt. Aufruhr und Erstarrung von solcher Dichte, dass sonst nichts Platz hat. Wie vorige Woche an einem Nachmittag, an dem Yolande und ich im Liegestuhl lagen: Alles, was nicht diese Ergriffenheit ist, die in mir strömt, rückt in den Hintergrund.

Da ist etwas Unbehagliches, und es besitzt die Kraft, mich in seinen Bann zu ziehen. Es verleiht allem Übrigen – den Gesten, die zu machen, den Worten, die zu sagen, den vorbeiziehenden Gedanken – etwas Traumartiges.

Mir kommt eine Frage. Diese Intensität, die mich ergriffen hat, gehört sie, wie ich zuerst dachte, zu diesem Kummer? Oder zu der Beachtung, die ich ihm schenke? Oder noch anders gefragt: Ist die Traurigkeit als Gegenstand meiner Betrachtung das, was mich gänzlich besetzt und mir seine Intensität mitteilt oder liegt diese Intensität vielleicht eher in der Aufmerksamkeit selbst, die ich der Traurigkeit zuwende? Eine stille Aufmerksamkeit, die genauso gut auf irgendetwas anderes gerichtet sein könnte …
Was, wenn diese in mir Raum greifende Intensität gar nichts mit der augenblicklichen Gefühlslage zu tun hätte? Wenn die Intensität, wann immer sie auftritt, von nichts anderem als dieser Aufmerksamkeit abhinge, dieser äußersten Präsenz? Oder, noch besser, wenn sie wirklich diese stille Aufmerksamkeit wäre, die Präsenz, Stille, Intensität, die Yolande immer meint?

14
VOM FÜHLEN ZUR AUFMERKSAMKEIT

»Klarheit leidet nicht.«
Byron Katie

Die Traurigkeit, von der ich erzählt habe, diese Bedrückung oder Schwere ohne eigentliche Traurigkeit, ohne das Gefühl, die hat mehrere Stunden angehalten, was wohl beweist, dass etwas in mir Widerstand geleistet hat, auch wenn es mir nicht bewusst war.

Die Person war sich des Widerstands nicht bewusst, aber im Körper war sie vorhanden.

Ja, deshalb hat es so lange angehalten. Aber weil auf der bewussten Ebene kein Widerstand war und kein Kommentar gegeben wurde und weil das Gefühl deshalb neutral blieb, unangenehm, aber neutral, hielt es sich im Vordergrund wie neulich in der Hütte. Und das war eigentlich ein Segen, weil sich das Unbehagen allen meinen Aktionen mitteilte. Alles Übrige spielte sich im Hintergrund ab. Im Vordergrund war dieses Gefühl – und ich habe mir gesagt, dass ich jetzt an der Schwelle stehe. Mein Augenblick der Präsenz, das war diese Empfindung im Vordergrund. Es musste nichts darüber hinaus gesucht werden.

Ja, das stimmt, diese innige Beziehung zum Körper, zu den Körperempfindungen, das ist der Zugang. Einfach nur vorhanden sein – du bist nicht mehr da, die Person ist nicht mehr da. Du nimmst einfach nur wahr, was der gegenwärtige Augenblick enthält, du mischst dich nicht ein.

Genau!
Dann hängst du nicht mehr an der Idee, eine Person zu sein, du bist reines Empfinden.
Du hattest dieses Bewusstsein, vielleicht noch ein bisschen persönlich gefärbt, dass sich dein Körper bei dieser Traurigkeit unbehaglich fühlte. Schon das ist ein Geschenk, weil es dir Klarheit darüber verschafft, dass der Augenblick, die Intensität, die Wahrheit nicht im Kopf sind; du hättest auch, wie es ja eigentlich alle ganz selbstverständlich tun, nach der Ursache der Traurigkeit forschen können, um die Sache aufzuklären und etwas zu ändern. Du hast dieses Gefühl zu existieren, lebendig zu sein, denn selbst wenn es ein schmerzlicher Augenblick ist, wenigstens bist du hier, jetzt, und nicht anderswo, nicht in deinem Kopf. Fühlen zu können, das ist schon wunderbar! Dieses Einfache annehmen zu können, zu fühlen, dass das Leben so ist, dass du einfach nur fühlst, was da ist, keine Lichterscheinungen, keine Ekstasen – das ist es bereits.

Ja, ich glaube, der Fehler lag darin, Ekstasen zu suchen, die Stille und so weiter zu suchen, wo doch das einzig wirklich Vorhandene dieses Gefühl im Augenblick ist.
So einfach: nicht mehr diese Person zu sein, die fühlt. Da ist das Fühlen, sonst nichts.

Ein Fühlen, ja. Kein Jemand, der fühlt.
Das ist interessant, diese Augenblicke so zu erleben, dass man immer mehr in der Einfachheit bleibt und das Fühlen spontaner wird. Einfach nur fühlen, ohne eine Person, die fühlt. Und ohne sich groß um die Traurigkeit zu kümmern, ohne das Bemühen, deinen Körper zu spüren oder sonstige Anstrengungen dieser Art. Das ist das Leben, wie es sich abspielt. Es geht nicht um die Person, die sich ihren Köper sensibel *wünscht,* die fühlen *möchte* und so weiter.

Wenn ich ein Gefühl intensiv auskoste, bis nur noch diese Empfindung da ist, bleibt tatsächlich alles stehen. Da ist dann keinerlei Ablenkung, keine Zersplitterung, weder Vergangenheit noch Zukunft.

Ja, das ist es bereits. In dieser Empfindung sein, im Geschmack des Augenblicks, was auch immer du tust – das ist es. Man muss aber weiter gehen, als diese Empfindung reicht. Das Empfinden bleibt noch in den Sinnen und damit im Hintergrund. Dieser Augenblick, von dem wir sprechen, ist ein radikaler Wandel, der über die Sinne hinausgeht, ein Ergriffensein, in dem du die Unwirklichkeit des Manifestierten erkennst, sei es der Person oder der Welt. Es ist ein Sehen, das nicht sieht, was du bist, aber es spürt im Augenblick, und danach lebst du ... wohl auch mit den Sinnen, aber mit noch viel mehr. Es ist mehr als die Empfindung des Augenblicks von deinem Ich-bin aus. Es transzendiert die Sinne. Es ist jenseits der Empfindung.

Deshalb hat dieser Augenblick den Wert eines ganzen Lebens, aller Leben. Er umfasst alles. Für mich ist das die Ewigkeit.

Von einem starken Gefühl ergriffen zu sein, das ist dann vielleicht ein Rückweg ... vorausgesetzt, man bleibt nicht bei der Empfindung, sondern bei ...

... sondern beim tiefen Staunen über diese so starke Empfindung, die dich ... die dich tötet. Sie tötet die Person. Sie löscht dich ein für alle Mal aus. Selbst wenn du dann noch als Körper und Geist vorhanden bist, die Botschaft ist ergangen und klar, sie kann nie wieder rückgängig gemacht werden. Du löst dich von dem, was du zu sein geglaubt hast. Die aufeinander folgenden Augenblicke existieren dann noch, aber ohne zu existieren. Sie existieren im Hintergrund, und das gilt auch für ganz sensationelle Augenblicke.

Ich erlebe seit einigen Tagen Momente, wo ich nicht von meinem Kopf aus fühle, sondern von der Empfindung selbst aus spüre – diese friedliche Ruhe, diese Offensichtlichkeit, dass nichts, was ich denke, von Bedeutung ist. Das ist noch nicht viel, aber gegenüber meiner früheren »normalen« Wahrnehmung kommt es einer Revolution gleich. Sind solche Augenblicke ein Rückweg?
Jean Klein und andere sprechen von der Rückkehr durch die Homogenität des Empfindens. Bei mir geschah das augenblicklich, ohne dass ich durch Momente des reinen Empfindens dorthin gelangt wäre. Aber wo ein Wissen um diesen Raum besteht, bevor er spontan erlebt wird, muss es wohl über diese Homogenität gehen, ja.
Seinen Körper spüren zu können, das allein ist schon wunderbar. Über diese Empfindung läuft es, aber sie muss so homogen, so allumfassend werden, der ganze Körper so lebendig, so mühelos, so grenzenlos ... dass es an einem bestimmten Punkt zum Wechsel auf eine andere Ebene kommt.

Was meinst du mit »Homogenität der Empfindung«?
Aufmerksamkeit ist vorhanden, aber es ist nicht die Aufmerksamkeit, die sagt: »Ich bin aufmerksam« – es geht nicht um die Person, sondern darum, dass aus dem Fühlen Aufmerksamkeit wird. Und die Aufmerksamkeit geht in der Stille auf. Das ist mit Homogenität des Empfindens gemeint: wenn das Fühlen, die Aufmerksamkeit, ganz intensiv wird, so intensiv, dass da nicht mehr diese Person ist, die die Aufmerksamkeit für sich beansprucht.

Weil das Kontrollzentrum aus irgendeinem Grund abgeschaltet wird? Es kommt dann von anderswoher und nicht vom Kontrollzentrum.
Diese Empfindung, diese Aufmerksamkeit, ist derart stark, dass die Person von jetzt auf gleich abgeschaltet wird. Sie ist so stark, dass »diese Sache« die Führung übernimmt und du dich nur noch

in einem ganz neuen Licht sehen kannst, weil diese Klarheit auf eine Weise sieht, die du noch nicht erlebt hast.

Sie ist so stark, dass erneutes »Einschalten« völlig unmöglich ist.

Ja, weil die Identifikation nicht mehr die gleiche ist. Die Aufmerksamkeit ist auf diesen Raum umgeschwenkt, der alles sieht und der verhindert, dass sich das kleine Ich-bin, das zum Hintergrund gehört, wieder mit sich selbst identifiziert.

Es identifiziert sich mit gar nichts mehr, dieses kleine Ich-bin – jedenfalls höre ich dich nicht sagen: »Ich bin ›diese Sache‹.«

»Diese Sache« ist … Ich bin … eigentlich weiß ich nicht, was ich bin.

WINTERSCHLAF

Es war Sommer geworden, und wir würden jetzt beide unserer Wege gehen, Yolande ins Herz der Alpen, ich zurück nach Quebec in meine kleine Blockhütte, wo ich meine Katze und den Hund wiedersehen würde und unsere Nachbarn die Hirsche. Nach der fruchtbaren Ruhephase, die ich genossen hatte, erwarteten mich dort ein paar Monate mit Tätigkeiten der eher prosaischen und schmerzlichen Art: das Haus leerräumen, meine Spuren verwischen, mich von Orten und Lebewesen, von sechs Jahren eines kontemplativen Lebens mit intensiven, gehaltvollen Begegnungen verabschieden.
Stärker als diese Bande und die Projekte waren die Kräfte der Metamorphose – das Leben rief mich auf unbestimmte Zeit nach Europa zurück.

Wieder sind Herbst und Winter vergangen. Yolande und ich überwintern, von ein paar Schneegipfeln getrennt. Hin und wieder telefonieren wir. Ich erzählte ihr von den Wechselfällen meines neuen Lebens, von neuen Bekanntschaften und neuen Freunden, vom Schock des erneuten Auftauchens alter Gewohnheiten, vom weiteren Schock des Lebens zu zweit, das ganze tragikomische Hindernisrennen für die einsame Nomadin, die ich gewesen war. Sie erzählte mir von der Stille, die immer häufiger in ihr Leben drängte: »Äußerlich totales Nichtstun, innerlich aktiver denn je. Plötzlich rollt die Stille heran und hält mich zwei, drei Tage fest, bevor sie wieder weicht. Dann funktioniere ich normal, bis sie mich wieder besetzt. Sie wird immer stärker, wirklich wahr!«

Dann schüttelten mich die ersten Anzeichen des Frühlings aus meiner Lethargie. Unsere Gespräche, all die mit Anmerkungen versehenen, einsortierten Äußerungen, die in mir ebenso wie in meinen Unterlagen geschlummert hatten, schienen jetzt wieder Blasen zu werfen. Von einer Arbeitswut gepackt, die mich Tag und Nacht und bis zur Erschöpfung nicht wieder losließ, brachte ich um die hundert eng beschriebene Seiten zu Papier. Yolande bekam sie eines Abends, es war der Tag vor der Tagundnachtgleiche.

»Was für eine Überraschung«, sagte sie nach einer schlaflosen Nacht der Lektüre am nächsten Tag. »Ich finde es toll, es gefällt mir sehr. Man kann wirklich sagen, dass es geboren werden will, dieses Buch. Los, wir machen uns wieder an die Arbeit, das hat Vorrang!«

Da rechneten wir noch nicht mit all den Zwischenspielen, Reisen, Arbeiten, Familiendingen und Begegnungen aller Art, die uns ein erneutes Zusammentreffen immer wieder aufschieben ließen. Mit Müh und Not brachten wir ein zweites Gespräch für die Zeitschrift *3e millénaire* zum Abschluss. Thema: »Die Lehre des Erwachens«.

15
DIES EWIG SCHLAGENDE GROSSE HERZ

»Gutes tun – das Maß dafür ist nicht unser Tun, sondern unser Sein.«
Charles de Foucauld

Können wir über die Lehre des Erwachens sprechen?

Das können wir, wenn wir wollen, aber eigentlich ist es witzlos. Darüber kann man endlos reden, aber solange man es nicht in sich selbst gefunden hat, kann man es nicht sehen, nicht hören. Ich würde am liebsten sagen: Seid einfach das, was ihr gerade erlebt. Seid euch selbst gegenüber ehrlich. Was mögt ihr eben jetzt? Was macht ihr? Was empfindet ihr? Was denkt ihr eben jetzt? Lasst euch vollkommen auf das ein, was der Augenblick euch gerade bietet. Euer individuelles Bewusstsein *ist* universales Bewusstsein, legt also euer Herz und euren Geist hinein. Denkt an nichts anderes. Wenn das natürlich geschieht, ohne Anstrengung, ist es der höchste Zustand überhaupt. Es ist »diese Sache«, das Absolute, die höchste Wirklichkeit – und sie sucht euch. Sie wird euch in dem Augenblick finden, den sie als den richtigen bestimmt. In diesem Zustand jenseits aller Zustände, in diesem ewig und spontan schlagenden großen Herz wird euch offenbar werden, wer ihr wirklich seid.

Die einzig wahre Lehre besteht darin, dass sich »diese Sache« zu erschließen beginnt. »Diese Sache« sorgt dafür, dass wir uns nicht mehr für etwas halten, was wir nicht sind, Körper, Sinne, Verstand, Gefühle. Wir hören auf, uns für eine Person zu halten. Dieses Gefühl des Nichtvorhandenseins, das wir Erleuchtung nennen, kommt spontan und im Nu. Da entsteht Klarheit, es kommt zu einem inneren Wandel, einer inneren Unterweisung, die sehr viel bewirkt. Und das ist die einzige wahre Lehre.

Ist es so, dass »diese Sache«, das Absolute, uns unterweist?

Ja, dieses offenbar Gewordene bringt alles unter seine Herrschaft, auch das Ego.

Das Ego kann man nicht töten, aber »diese Sache« richtet es so ein, dass sich das Ego nicht mehr Augenblick für Augenblick neu zusammensetzen kann. Wir spielen dann weiter unsere Rolle, wir leben weiter mit diesem Bewusstsein, aber es erscheint nur noch im Hintergrund. Im Vordergrund ist die Stille, dieses Vertikale. Und das Horizontale ist das manifestierte Bewusstsein.

Was könntest du denen sagen, die ständig mit ihrer Person identifiziert sind und das Ego auslöschen möchten?

Gut, dann ist dieser Zustand noch nicht aufgefunden worden, aber ... Na ja, dieser Zustand ist eigentlich kein Zustand, wir *sind* das immer schon. Erwachen, das ist das Offenbarwerden der Einheit von allem. Darin zeigt sich etwas: Bevor du dieses gewordene Bewusstsein bist, gleich ob individuell oder universal, bist du etwas, das gleichsam flussaufwärts liegt. Wir alle sind »diese Sache«, dieses Absolute, nur wird das von diesem Bewusstsein verdeckt.

»Diese Sache« ist also da, diese Kraft ist da. Sie wird dich finden. Sie wird Besitz von dir ergreifen und dich die wahre Wirklichkeit sehen lassen. Sie ist es, die dich lehrt.

Euer wahres Wesen entdecken: Da ist nichts als ihr, und wenn ihr das einmal wisst, nichts als Liebe.

Bis dahin ...

Nach meiner eigenen Erfahrung empfiehlt es sich bis dahin, ganz einfach das zu sein, was man ist, *geradeheraus* der zu sein, der man ist. Sei im Einklang mit deinem Leben, deinen Wünschen, deinen Leiden, mit allem, was dir begegnet. So lebst du ganz und intensiv und einfach. So hältst du dich nicht für mehr, als du bist. So vermeidest du, zwei oder drei Stimmen in deinem Kopf zu haben – eine einzige, die dir einredet, du seiest eine Person, reicht vollauf! Und so versuchst du das Leben nach bestem Vermögen zu nehmen, wie es ist, ohne dir einzubilden, du könntest anders sein, als du bist, oder etwas anderes tun als das, was du tust.

Heißt das, das Leben anzunehmen, wie es ist – ohne diesen ewigen Kommentar, dass es eigentlich anders sein müsste?
Es heißt, so gut wie möglich im Fluss des Lebens zu sein – es einfach leben. Das muss nicht unbedingt ein intensives Leben sein im Sinne von umtriebig und aufregend, sondern so, wie dein Leben nun mal ist: leidenschaftlich, wenn du ein leidenschaftlicher Mensch bist, still, wenn eher das deine Natur ist. Oft ist da ja eine Stimme, die flüstert: »Ich sollte die Sache anders anpacken, mein Leben sollte anders laufen …« Auch diese Stimme einfach annehmen. Die Dinge nicht unnötig kompliziert machen. Sich nicht unbedingt noch eine weitere Stimme aufhalsen, die dann sagt: »Ich sollte nicht diese Stimme im Kopf haben.«
Sich einfach erlauben, dieses Leben zu leben, wie es sich uns zeigt.

Was meinst du mit »intensiv« leben genau?
Ich rede von dem, was ich selbst erlebt habe. Ich habe kein intensives Leben voller Leidenschaften geführt, nichts Erschütterndes. Nein, intensiv leben, das heißt für mich, intensiv die Liebe zu deinem Sohn, die Liebe zu deiner Mutter, die Liebe zu dir selbst zu erleben. Das ist schon alles. Es spielt keine Rolle, ob du Filmstar oder Putzfrau bist. »Intensiv« – das bezieht sich auf die Liebe zum Leben. Das kann durchaus auch die Intensität einer Party sein, falls du eine Partynudel bist, oder es kann der Weingenuss sein, wenn das deine Sache ist. Intensiv eben. Jedenfalls sorgt

das Leben für uns und bringt uns dahin zurück, wo wir sein sollen.

Wenn einer depressiv ist und das Leben nicht mehr liebt und sich selbst auch nicht ... ist er dann nicht Lichtjahre von diesem spirituellen Leben entfernt?

Nein. Du kannst auch diese Augenblicke der Krise intensiv erleben, in denen die Dinge gar nicht so laufen, wie du möchtest. Es geht ja darum, das Leben zu nehmen, wie es ist. Wie es im Augenblick ist.

Es gibt depressive Menschen, die sehr spirituell sind.

Intensiv leben heißt, dass man sich nicht länger mit Fragen herumschlägt, die man sich nur stellt, weil man sich für eine Person hält.

Dann geht es darum, die Dinge zu fühlen, zu fühlen, was man gerade macht, sich ganz dem Geschirr zu widmen, das man gerade spült, der emotionalen Erschütterung, die einen beutelt – anstatt darüber nachzudenken?

Es geht darum, unser Leben beim Geschirrspülen zu leben *und* während wir den Kopf voller Gedanken haben, die uns in etwas anderes hineinziehen. Uns wirklich als das akzeptieren, was wir sind, mit dieser Stimme im Kopf – schließlich ist sie das, was gerade da ist.

Oft ist vom Zeugen die Rede, vom Beobachter: sich dessen bewusst sein, was man tut, sich beim Denken, beim Reagieren betrachten. Das wäre dann nicht der Mühe wert!

Dich annehmen, wie du bist, wie du lebst, auch wenn du den ganzen Tag lang keine Minute bewusst erlebt hast, weil du so in Gedanken warst. Auch einschließlich der Stimme, die dir sagt, du hättest in dieser Situation oder gegenüber jener Person oder in irgendeiner emotionalen Verfassung anders sein sollen, als du warst. Das Leben annehmen, wie es ist. Denn wie du auch bist, mit allem, was du wahrnimmst, mit allem, was du glaubst – es wird dir nicht möglich sein, nicht als diese Person da zu sein. Lass es also gut sein, überlass es dieser Kraft, sich dann zu »enthüllen«, wenn sie es für richtig befindet. Wenn das Gefühl des Vorhandenseins verschwunden ist, gibt es nichts mehr zu tun. Stille bringt eine ununterbrochene »Ansprache« mit sich, die uns stets und ständig unterweist.

Und deshalb verspricht das Ja zum Leben mehr als das Nein?
Ich würde nicht vom Ja sprechen. Es ist eher eine gewisse Neutralität, eine Stimmigkeit. Manchmal spürt man, dass man nein sagen muss. Das ist dann eher im Fluss, es ist stimmiger als ein Ja. Diese Neutralität gibt uns die Möglichkeit, nicht absolut und ausschließlich da zu sein und doch zugleich ganz da zu sein.

Wird die Stimmigkeit von der Person gefunden? Ist da nicht ohnehin schon »diese Sache« am Werk?
Von da an, wo die Existenz – oder sagen wir das Bewusstsein unserer selbst und der Welt – das Ruder führt, muss man sein Leben einfach leben, ohne dieses Gefühl des Nichtvorhandenseins zu suchen, das uns, glauben wir, ein wunderbares Wohlgefühl und inneren Frieden bescheren wird. *Das* ist der Trugschluss. Das Ich kann kein Nichtvorhandensein finden. Es hat nichts, womit es das auch nur suchen könnte. Vielmehr findet und ergreift uns das Nichtvorhandensein.

Ist es dann sinnlos, einen spirituellen Weg zu gehen?
Doch, das hat seinen Sinn. Wenn mich das Leben dahin führt, einen spirituellen Weg mit Meditationstechniken zu gehen, auf dem es um das Erklimmen immer höherer und subtilerer Bewusstseinsstufen geht, dann ist das zu respektieren. Dann macht

man dies und erlebt es voll und ganz und intensiv. Auch das ist: mein Leben nehmen, wie es ist.
Seinen Weg annehmen, wie er ist ... bis man eines Tages von keinem Weg mehr weiß.

Es ist so viel davon die Rede, ganz im Augenblick zu sein, seine Gefühle und Empfindungen zu bejahen. Ist das nicht auch ein Weg?
Ja, das ist ein Weg. Es gehört zu unserem Dasein. Wir sind alle ganz von selbst da und erleben es. Jeden Moment gibt es Gefühle und Situationen, die uns dies und das erleben lassen. Und eines Tages, ohne dass wir es gewollt hätten oder etwas dafür oder dagegen hätten unternehmen können, steht es auf einmal vor uns. Das ist ein tiefgreifender Umbruch, nach dem wir uns nicht mehr von dem blenden lassen, was wir zu sein geglaubt haben – unsere Gefühle, unsere Sinne, unser Verstand. Da geht uns auf, dass wir das alles wirklich nicht sind. Wir leben weiterhin damit, aber wir *sind* es nicht mehr. Unser wahres Wesen ist nicht das. Unser wahres Wesen ist nicht in Worte zu fassen. Entdeckt es, und ihr werdet sehen.

Liebe, Meditation, Präsenz – gehören die nicht auch zu den Dingen, die uns ergreifen oder packen, im Unterschied zu einem persönlichen Akt, einer persönlichen Wahl?
Aber ja, das ist ja das Schöne an der Liebe, sie denkt nicht, und plötzlich hat sie dich. Ihr Zauber liegt darin, dass du dich in ihr vergessen kannst, du reißt dich los vom persönlichen Bewusstsein und stürzt dich ins universale Bewusstsein. Dadurch kann es zur Vereinigung kommen, und deshalb sind die ersten Monate, die ersten Jahre immer etwas ganz Besonderes. Früher oder später gewinnt das persönliche Bewusstsein dann doch wieder die Oberhand.

Wie denkst du über Meditation, Yoga, über all die Formen der spirituellen Praxis, die auf den Pfaden der inneren Entwicklung angeboten werden?
Sie sind so gut wie irgendetwas anderes. Aber es gibt absolut nichts, womit wir wahrscheinlicher machen können, dass *es* uns widerfährt. Manche, die nie einer spirituellen Praxis nachgegangen sind, wurden von »dieser Sache« ergriffen. Und umgekehrt.

Was du da sagst, ist ebenso ermutigend wie entmutigend. Entmutigend, weil nichts, was ich je tun könnte, irgendetwas ändert, es kommt, wie es kommt. Und ermutigend ... aus dem gleichen Grund.
Das stimmt! So sehe ich das, so denke ich darüber. Ich kann nicht sagen: »Tut dies, macht jene Übung.« Ich sehe es einfach nicht so.

Außer sich gänzlich dem zu überlassen, was man erlebt.
O ja. Sein ganzes Herz dem Leben schenken, wie es ist. Und das große Herz, das ewig schlägt, wird kommen und uns ergreifen. Da braucht man dann nur noch aufzunehmen, man wird nichts weiter tun müssen, als jeden Augenblick im Augenblick zu erfassen. Das ist so spannend und immer da, immer gegeben. Es rangiert vor allem anderen, vor allem, was wir zu sein glauben. Es ist das große in uns aufgeschlagene Buch, das uns den klaren Blick für die Realität gibt.

Auf den Wegen der Entwicklung macht man mitunter ganz ungewöhnliche Erfahrungen – Visionen, klares Sehen, unendliche Räume –, und es können so intensive Momente sein, dass das Ich-Bewusstsein ganz beiseitetritt. Worin liegt aus deiner Sicht der Wert solcher Erfahrungen?
Das sind Augenblicke der Offenheit, wie man sagen könnte. Sie

sind so intensiv, dass sie alles andere in den Schatten stellen. Man geht da über sich selbst hinaus.

Wo ist man dann? Im universalen Bewusstsein oder anderswo?
Ich bin versucht zu sagen, dass dann das universale Bewusstsein erfahren wird. Du bist nicht mehr als Person da, aber du bist auch noch nicht »abgeschaltet«, die Verbindung ist noch nicht unterbrochen. Wenn man sich dann wieder mit dem individuellen Bewusstsein verbindet, sei es auch ganz kurz, hat man noch nicht den direkten Zugang gefunden, und dann bleibt man nicht im Absoluten, in der absoluten Stille.

Findet das wahre »Abschalten«, das Erwachen, ein für alle Mal statt? Man kommt dann nicht mehr zurück?
Es geht nicht. Das ist so stark, da gibt es keine Rückkehr. Es können noch Augenblicke des Zweifels vorkommen, schließlich ist das persönliche Bewusstsein noch da – aber es hat einfach nicht mehr die Macht. Die Intensität, »diese Sache«, die allem vorausgeht, gibt dem Bewusstsein nicht mehr nach, sei es individuelles oder universales Bewusstsein. Geschlossene Augen, geöffnete Augen, du siehst; du bist immer in der Klarheit, in dieser höchsten Wirklichkeit; und selbst wenn sich außerdem auch die Welt manifestiert, du weißt, wo sie ist, du weißt, welchen Platz sie einnimmt. Also nein, da gibt es kein Zurück. »Diese Sache« nimmt alles in die Hand, und du hast als Körper, als Geist, als sogenannte Person nicht mehr die Möglichkeit, den Rückwärtsgang einzulegen. Es ist ein Abschalten, das nicht mehr rückgängig gemacht werden kann.

Diese Zustände haben mit dem Erwachen nichts zu tun, gut. Sie bereiten einen nicht einmal vor, einverstanden. Aber sind sie nicht doch ein Vorgeschmack, sind sie nicht Vorboten dessen, was dann kommt?

Im Augenblick schon, aber das Ich kommt dann zurück. Es ist noch nicht die endgültige Abschaltung, nach der du jenseits aller dieser Zustände bist, auch wenn sie noch vorkommen sollten. Es gibt direkte Zugänge, die nicht über solche Erfahrungen von Vorgeschmack verlaufen. Andere Wege haben den Vorgeschmack. In allen Fällen geschieht die Trennung von der Idee, jemand zu sein, spontan und augenblicklich, und sie hält dann an, sie ist unumkehrbar.

Dann ist ein spiritueller Pfad ein Weg wie jeder andere und kein Weg in Richtung des Erwachens?
Ja, das hat nichts unmittelbar miteinander zu tun. Trotzdem gebührt dem Weg Respekt.

Diesem Weg, der weder besser noch weniger gut ist als irgendein anderer Weg im Leben ...
Genau.[2]

2 Das gesamte Gespräch erschien im März 2009 im Rahmen des Dossiers »Pédagogie de l'Eveil« der Zeitschrift *3e millénnaire* unter dem Titel »La vie se charge de nous«.

DU BRAUCHST DEIN LEBEN NICHT ZU TRAGEN

Ganz wie beim ersten Mal löste die Veröffentlichung dieses Gesprächs und seine Verbreitung im Internet ein breites Leserecho aus. Yolande hatte inzwischen eine Website, der die E-Mails nur so zuströmten, und sie antwortete nach besten Kräften in den Zeiten, die ihr zwischen ihren Reisen in die Stille blieben. »Diese Fragen, diese Berichte aus erster Hand sind einfach toll«, erzählte sie mir einmal. »Aber eigentlich ist ja die Stille das, was heilt ... man sollte ein Buch herausbringen, das ... leer ist. Weiße Seiten, sonst nichts, Stille. Und jeder schreibt da seine eigenen Entdeckungen auf.« Wir lachten beide laut los. Das würde uns sehr zupass kommen, dachte ich, bei all den Hindernissen, die uns ebendiese Stille in den Weg stellte.

Ein andermal vertraute Yo mir an: »Die Leute wollen mich kennenlernen, ich werde eingeladen zu Gesprächen in kleinen Gruppen. Ich hatte ein paar Leute zu Besuch, das war wirklich schön ... aber die Stille ist so viel stärker. Zu komisch, mein altes Ich wäre ganz versessen auf Reisen, Begegnungen, Aktion gewesen, aber jetzt ist die Stille so viel stärker – man könnte sagen, sie will mich hier haben, sie will, dass ich mich still halte und bei ihr bleibe. Es wäre so viel zu tun – Leute treffen, meine Website umbauen ... aber nein, ich bleibe da, ich rühre mich nicht, die Stille herrscht über alles.«

Es kam vor, dass ich mich beunruhigte, und dann teilte sie sich manchmal mit und griff auf die bekannten Melodien zurück: »Hab Vertrauen, die Stille sorgt für alles.« Und da mochten sich Körper und Geist wehren, das Vertrauen holte mich doch wieder ein. In einem Schauer der Freude öffnete ich mich erneut diesem Frieden, dieser stillen Gewissheit, von der ich ein Jahr zuvor in Yolandes Nähe gekostet hatte.

Endlich erwärmte sich die Luft. An den Bäumen zeigten sich zarte Schleier von Grün, auf den Wiesen bunte Blütentupfer. Die vom Schnee befreiten Wege und mein aufatmender Geist waren nicht mehr gar so hinderlich. Wir nahmen unsere Treffen wieder auf, meist ganz ungeplant, etwa wenn gemeinsame Freunde auftauchten. Da gab es dann lange Spaziergänge, Lachen, gemeinsame Mahlzeiten ohne alle Umstände und freimütigen Austausch über dies und das. Unsere eigentliche Arbeit stand ganz offensichtlich nicht auf der Tagesordnung. Untergründig jedoch, meinen wachsamen Blicken entzogen, reifte die Saat unserer Zusammenkünfte.

So kommt es zu diesem Vier-Freundinnen-Wochenende auf fünfunddreißig Quadratmetern in Chamonix. Mit leichtem Gepäck, da schönes Wetter angesagt ist, kommen sie mit dem festen Vorsatz, sich auf der Terrasse am Fuß des Mont Blanc in der Sonne zu aalen, aus Annecy, Paris und der Schweiz. Entgegen der Vorhersage schüttet es an diesem Samstag allerdings wolkenbruchartig. Die Terrasse ist überflutet. Stunde für Stunde Wasser, nichts als Wasser. Das könnten missmutige Stunden mit an die Scheiben gedrückten Nasen werden. Doch o Wunder, auf diesem sehr beschränkten Raum, wo wir allenfalls im Kreis gehen könnten, biegen wir uns an diesem »ruinierten« Tag mit blitzenden Augen vor Lachen in den von unserer Gastgeberin ausgeteilten dicken Pullovern. Das Gespräch fließt munter, der Wein auch und dann noch Musik und Gelächter. Über zwei volle Tage zieht sich das muntere Geplauder hin, unterbrochen nur durch seltene Ausfälle, wenn es der Regen zulässt, von liebevoll angerichteten Klei-

nigkeiten und gelegentlichen Filmen, alles in wortlosem Einverständnis.
Es geht in dem kleinen Zimmer auch zu wie in einem Bienenstock, eine kommt, eine geht, man trennt sich und trifft sich wieder, mal alle um den Tisch versammelt, mal alle bei ihren eigenen Dingen und alles nach einer spontanen Choreografie, in der sich alle als unabhängig und zugleich innig verbunden fühlen können. Eine sitzt mit dem Kopfhörer und dem Laptop vor sich auf dem einzigen Bett, um sich einen Film anzusehen, eine andere auf einer Matratze am Boden – andere Kopfhörer, anderer Computer, andere Bilder. Die dritte macht sich still zu schaffen, füllt Gläser nach, leert Aschenbecher, und die vierte liest. Dann blickt plötzlich eine auf, nimmt den Kopfhörer ab und macht sich bemerkbar. Vielleicht ist sie gerade auf etwas gestoßen, was sie gleich mitteilen muss, oder sie hat Hunger oder … egal, auf einmal ist da eine andere Energie, ein anderer Tanzschritt, allein, zu zweit und dann wieder zu viert. Es kommt einfach immer wieder etwas anderes, Überraschendes, das uns alle begeistert. Und immer begleitet von diesem Fließen, dieser Verschwörung der Stille, die alle Stimmen und das Zusammenspiel vorgibt.
Alles kann sich so locker mischen: wiederholte Loblieder auf die Creme double de Gruyère, die so gut zu Erdbeeren passt, besinnliches Vorlesen aus Werken der Mystikerin Madame Guyon, in denen es um »das Ablassen von allem Ichhaften« geht, dann wilde Spekulationen zum mysteriösen Verschwinden eines vollbesetzten Flugzeugs über dem Meer, schließlich die Sängerin Françoise Hardy, herzzerreißend, wenn sie von dem Raum zwischen Himmel und Erde flüstert, in dem das größte aller Geheimnisse liegt, »Liebe ist stärker als der Tod«, und nicht zuletzt der Film Home von Yann Arthus-Bertrand, der uns am Abend hinpfeffern wird: »Wir alle haben die Kraft zu Veränderungen, worauf also warten wir?« – und dann ur-

plötzlich Yo, ihr Glas Rioja in der Hand, mit der Frage: »Do, Lo, Marie, was, meint ihr, ist immer da? Mit offenen oder geschlossenen Augen, was seht ihr ständig?«
Wir drei werfen einander fragende Blicke zu, machen die Augen zu und auf und wieder zu, um Gott weiß was zu sehen. Was sehe ich mit geschlossenen Augen, das ich angeblich auch mit offenen sehe? Im Augenblick ist Schweigen die einzige Antwort auf diese rätselhafte Frage.
Yolande legt nach: »Wo ist euer Körper eben jetzt? Jede für sich, los.« Die eine, verdutzt, versucht es mit: »Ähm, auf diesem Stuhl, würde ich sagen.« Die zweite: »Im Raum? Ja, im Raum.« Die dritte: »Also, was mich angeht, ich weiß nicht« – wohl wissend, dass keine der Antworten zur Frage hinter der Frage passt, dass ihr der hier nötige Blick fehlt, dieses Gespür für das Unvorstellbare, das ihr erlauben würde, ihren Körper in einem, wie sie ahnt, nicht lokalisierbaren Raum wahrzunehmen.
Yolande, so gelöst, wie wir ratlos sind, ist bereit, uns zu helfen. »Dein Körper ist in dir, ganz einfach. Er erscheint in diesem Schauen, in dem Bewusstsein, das du bist. Er verändert sich, nimmt zu, nimmt ab, altert, aber der Blick, der ihn sieht, die Stille, die ändert sich nie. Mit offenen Augen und mit geschlossenen Augen ist die Stille da, immer da.«
Ein Engel geht vorbei. Jede von uns nimmt diese aus der Stille geborenen Worte auf ihre eigene Art auf. In jeder finden sie einen mehr oder weniger deutlichen Widerhall, der gleich einen den Blicken verborgenen heimlichen Weg bahnt und nichts weiter möchte, als offenbar zu werden – eines schönen Tages oder jetzt gleich.

So war es bei Dominique, Do, wenn man sie ein wenig kennt, die mir vor drei Monaten von einem »Schock« erzählte, den sie erlebte, als sie Yo am Telefon von ihren derzeitigen existenziellen Nöten berichtete. »Wo könnte irgendein Problem bestehen, wenn du siehst, dass du vor der Person bist?«, hatte unsere Freundin fallen lassen.

»Vor der Person sein« – der Ausdruck war mit dem normalen Verstand nicht zu erfassen. Milder Wahnsinn oder reine Abstraktion, auf jeden Fall waren damit nicht die Probleme zu lösen, die von allen Seiten auf Do einstürmten. Aber dann war es doch so, dass die Worte sie voll trafen. »Wie ein Elektroschock«, fasste sie es für mich zusammen. »Und dann plötzlich Leere im Kopf. Alles fiel irgendwie in sich zusammen. Keinerlei Sinn in diesen Worten und dann doch plötzlich eine ungeheure Erleichterung. Als dann eine Sekunde später, Stunden später, wie es mir schien, mein Denken wieder ansprang, war die Panik wie weggeblasen. Seitdem ist immer dann, wenn mich etwas beunruhigt, sofort dieser Satz da: ›Vor der Person‹, wo könnte da ein Problem sein? Das Ding ist ein Mantra geworden, eine Art Zauberstab. Die Lage kann so unerfreulich sein, wie sie will, wann mir dieser Satz wieder kommt, höre ich einfach auf, mir einen Kopf zu machen. Und das Problem, das offenbar gar keins ist, löst sich wie durch Zufall selbst.«

Respektvoll hatte ich mir dieses Bekenntnis meiner schwesterlichen Freundin angehört. Ich kannte sie zu gut, als dass ich an ihren Worten hätte zweifeln können. Nur folgen konnte ich ihr nicht.

Dieses Wochenende nun war ich an der Reihe, vom Zauberstab der Stille berührt zu werden, dessen Zauber darin liegt, dass er aus einem einzigen simplen Satz besteht.

Zögernd lässt sich die Sonne an diesem Sonntagmorgen blicken. Die Terrasse ist abgetrocknet. Zusammen mit einer fünften Komplizin haben wir draußen gefrühstückt. Yolande und ich liegen in Steppdecken gekuschelt nebeneinander auf den Liegestühlen und plaudern, während sich die anderen drinnen ein Tennis-Finale ansehen.

»Du bist nicht die Person«, wiederholt Yolande geduldig, als ich den Faden eines weit zurückliegenden Gesprächs aufnehme. »Du bist der unveränderliche Raum, in dem sich alles manifestiert und in dem alles vergeht. Finanzielle Schwierigkeiten, anstrengende Beziehungen, Augenblicke der inneren Anspannung, wo du dich abgeschnitten fühlst, wie du sagst, abgeschnitten von der Stille, von der Liebe, vom Leben überhaupt – all das erscheint in dir. Es ist nicht das, was du bist, es erscheint in dir und verschwindet in dir. Genauso alles, was du deiner Meinung nach tust – es tut sich selbst, es geschieht, das ist alles. Was da agiert, ist die Stille.«

So oft habe ich das schon gehört, tausendmal gelesen und wieder gelesen, in der Sprache der indischen Weisen, der mittelalterlichen Sufis, bei Meister Eckhart oder Madame Guyon und bei Jean Klein, auf den ich erst vor einiger Zeit gestoßen war – immer und immer wieder all die Jahre. Diese Worte bringen mich zur Verzweiflung. Am Ende gehen sie mir sogar auf die Nerven. Sie scheinen auf etwas hinzuweisen, auf etwas ganz und gar Rätselhaftes, aber auch unendlich Begehrenswertes, das ich nur eben nicht verstehe, an das ich irgendwie nicht heranreiche. Das Geheimnis bleibt unergründlich.

Von meinen Nöten in keiner Weise bedrängt, fährt Yolande fort: »Du brauchst dein Leben nicht zu tragen.«

»Du brauchst dein Leben nicht zu tragen!«

Sie spricht noch weiter, ein, zwei Sätze. Dann Stille. In diesem Schweigen höre ich nur diesen Satz, diesen so einfachen und auch zuvor schon gehörten Satz, der für mich den unaufhaltsamen Strom der Zeit für einen Augenblick zum Stillstand bringt.

»Du brauchst dein Leben nicht zu tragen.«

In der Stille, in dem noch die Zauberworte nachklingen, fällt mir die Last eines ganzen Lebens von den Schultern – welch unglaubliches Wunder! Ich spüre es körperlich. Als würde mir buchstäblich ein Stein vom Herzen fallen. Ich hole tief Luft. Und plötzlich: Ich atme! Gemessen an diesem Erstaunen, an der Gelöstheit in meiner Kehle, der Leichtigkeit in meiner Brust – wie schwer muss dieser Stein gewesen sein, wie sehr muss er mich tagein, tagaus und Jahr für Jahr belastet haben.

»Du brauchst dein Leben nicht zu tragen.« Jetzt höre ich das auf einmal, vielmehr: Es erreicht mich. Diesmal denke ich nicht darüber nach, ich analysiere es nicht, erwäge es nicht, berechne nicht seinen Wert. Ich muss nicht einmal darüber meditieren, die Worte sind mir unter die Haut gegangen und richten sich dort mit Leichtigkeit ein. Ja, sie werden eins mit meinem Körper, mit meiner so ungewöhnlich gelassenen Psyche, die ihnen keinerlei Widerstand entgegensetzt, die vielmehr jubelt und einen Freudentanz macht.

Ich muss laut auflachen. Welche Erleichterung! Wie ein plötzlich reißender Schleier. Ich weiß nicht, wer ich bin, o nein! Ob es Yolande gefällt oder nicht, ich weiß es immer noch nicht; aber ich ahne, ja fühle die Leichtigkeit dieses Loslassens: Ich muss mein Leben nicht tragen! Nichts zu verteidigen, nichts zu beweisen, nichts zu verlieren oder zu gewinnen … ich muss mein Leben nicht tragen.

Wie kann die Last eines ganzen Lebens so einfach von mir abfallen? Eines Lebens, das größtenteils auf mein Überleben angelegt war, das Überleben des Körpers und das der nach emotionaler Geborgenheit dürstenden Psyche, dieser so ängstlich auf die Wahrung eines leidlich guten Selbstbilds bedachten Persönlichkeit, eines Bildes zudem, das ständig restauriert werden musste, da es, kaum aufgebaut, vom Leben wieder eingerissen wurde – welches Wunder hat das von mir genommen? Wie können sieben Worte dieses Gebäude einstürzen und den Drang, es neu zu errichten, verschwinden lassen? Vielleicht liegt es daran, dass diese Worte das Echo der Stille sind.

DIESE UNWANDELBARE LIEBE

Es war Mitte Juni, jetzt musste es sein. Elf Monate nach unserem letzten »ernsthaften« Gespräch, sofern dieses Wort sich überhaupt noch verwenden ließ, hatten wir beide Zeit. Wir würden letzte Hand an dieses hartnäckig »geschwänzte« Projekt legen. Es war Donnerstagvormittag. Wir verabredeten uns für den nächsten Dienstag. Auf dem Programm standen drei Tage konzentrierter Arbeit in der Wohnung in Annecy.
Ich konnte es kaum erwarten, dort wieder mit ihr zusammenzutreffen und ihre neuen Mitteilungen aufzuzeichnen, hatte sie mir doch letzten Sommer anvertraut: »Ich weiß nicht, wer ich bin. Da ist diese Stille, diese Präsenz ... und alles Übrige, die Welt, Yolande, alles Erscheinende ... Ich wage noch nicht zu sagen, dass ich diese Präsenz *bin,* aber manchmal ...« Sie war noch die Gleiche und doch schon eine andere, und sie würde von jetzt an über sich und uns alle sagen: »Ihr seid das, was vorher da ist. Vor der Person, vor der Welt. Ihr seid diese unwandelbare Liebe.«
Was ich so unbedingt zu Papier bringen wollte, war diese Klarheit des Ausdrucks, dieses Direkte, Fließende und Bestimmte, das an einen Meister Eckhart oder Ibn Arabi, an Nisargadatta Maharaj oder Jean Klein erinnerte und dessen Wirkung ja auch an zwei von uns schon deutlich geworden war. Mir kam auch nebenher immer wieder einmal die Frage, wie ich die wachsende Selbstsicherheit unserer Freundin spürbar machen sollte, die Kraft ihrer Sprache, wenn sie diese Klinge ins Eiswasser der Stille tauchte und jemanden damit durchbohrte. Aber ich brauchte diese Frage so wenig zu beantworten, wie ich mein Leben selbst tragen musste. Die rechte Art und Weise, so viel wusste ich, würde sich mir zu gegebener Zeit dartun. Im Augenblick hatte ich nichts weiter zu

tun, als für das kommende Wochenende im Morvan zu packen, wo Yo und ich mit einer illustren Truppe von Liebhabern der Stille zusammentreffen würden. Natürlich legte ich mir auch Kugelschreiber, Mikro und drei Fragen für den nächsten Dienstag zurecht: In fünf Tagen würde die Sache ihren Fortgang nehmen.

Davon jedenfalls ging ich in meiner Ahnungslosigkeit aus.

ES GIBT KEINEN TOD

So fuhr ich an diesem Samstag durch Evian und Thonon. Ich sah schattige Parks und blütenübersäte Terrassen, dann ging es durch Straßen mit gut gelaunten Flaneuren und vorbei an den Stegen der Segler – die Ufer des Genfer Sees waren ein einziges Behagen. Ich wollte Yolande abholen, dann sollte es weitergehen in den Morvan, zu Jean-Philippes Hütte, wo sich heute die ersten aus der kleinen Truppe, teils Freunde, aber auch Freunde von Freunden, kennenlernen würden. Nach und nach fand ich heraus, was uns gemeinsam war: Wir waren viel herumgekommen, hatten zwei oder drei Leben geführt, hatten uns auf diese oder jene Kunstform eingelassen und waren jetzt hinter diesem unerreichbar erscheinenden Stern her, den Yolande »Stille« nannte. Wir alle kannten den Geschmack dieser Stille, und sie ging uns verloren, und dann setzten wir ihr mit mehr oder weniger Erfolg nach – eher weniger als mehr, was ich so hörte. Jeder hatte sich irgendwann die Unsinnigkeit einer Suche eingestehen müssen, die von vornherein zum Scheitern verurteilt war, weil es ganz offensichtlich weniger ums Finden ging als vielmehr darum, sich finden zu lassen. Und jeder war auf seine Weise – als Fatalist oder Rebell, als Resignierter oder Begeisterter – zum Lächeln über sein Unvermögen gelangt. Manche fanden das sogar eher tröstlich, wie sie mir gestanden.

Unsere Runde bestand aus unserer Freundin Do, der verspielten Malerin, dem spöttischen Fotografen Gérard, dem Waldbesitzer Jean-Philippe und außerdem Christophe, Monika und Loup, die immer mal kurz vorbeikamen, wie es ihre Beschäftigungen gerade zuließen. Ein Programm gab es eigentlich nicht. Nichts war festgelegt worden, aber alle freuten sich auf das simple gemeinsame Vergnügen, nichts zu tun

zu haben und bei passender Gelegenheit ihre Talente einzubringen – Gesang, Yoga, Massage, Kochkunst oder Fotografie, die Kunst der Begeisterung, die Kunst der Spontaneität, die Kunst, aufeinander einzugehen, vor allem die Kunst des Zuhörens, kurz, die Kunst zu lieben.
Was ich noch nicht wusste: Dieses Schlaraffenland hielt eine Stolperfalle der besonderen Art für mich bereit.

Doch jetzt brachte ich gerade mit tränenfeuchten Augen die letzten Kilometer hinter mich, die mich noch von Yolande trennten. Am Straßenrand sah ich eine Katze liegen, genau an der Stelle, an der ich vor einem Monat eine andere hatte liegen sehen. Sie lag auf der Seite, so friedlich in diesem Verkehrslärm, als ruhte sie sich nur eben aus. Nur dass die Läufe so starr vom regungslosen Körper wegstanden. Das kleine Tier war tot wie damals sein Artgenosse. Schmächtig und rotbraun war diese Katze jetzt, schwarz und wohlgenährt war die andere gewesen, beide in derselben Lage, beide so starr und meine Betroffenheit heute so groß wie damals.
Eben noch tollt dieses kleine Wollknäuel unbekümmert durch ein erfülltes Leben, und im nächsten Augenblick liegt es als leere Hülle da. Eben noch Leben, jetzt nicht mehr. Eine Katze war da oder auch ein Mensch, ein geliebtes Wesen wie so viele, die mich schon verlassen haben. Auf einmal ausgelöscht. Und jedes Mal diese Fassungslosigkeit vor dem Aufbegehren, dem Kummer und den zweifelhaften Tröstungen, die doch nichts wiederbringen. Sie waren. Sie sind nicht mehr. Und wo bin ich in alledem? Ich bin … und werde nicht mehr sein. Ein gähnender Abgrund unter mir. Eben der Abgrund, der mich mit zwölf Jahren, als ich die letzten Atemzüge meines Katzengefährten in mich aufnahm, auf die Suche schickte, die Suche nach Sinn, nach dem Heiligen, nach Hoffnung, irgend-

etwas – nur nicht dieses Klaffende, Niederschmetternde, dieses Grauenhafte, dem wir alle ausgesetzt sind.
In dieser Verfassung traf ich Yolande.

Wir waren eine Stunde unterwegs, es fielen nicht viele Worte im Wagen. Yo war dabei, wie sie erzählte, sich von einer schlaflosen Nacht zu erholen, »die ich mit der Betrachtung meines wie schlafend auf dem Bett liegenden Körpers verbracht habe. Aber ich habe überhaupt nicht geschlafen, ich habe die ganze Nacht kein Auge zugetan, auch wenn diese äußeren Augen geschlossen waren.«
Ich war mit dem Autofahren beschäftigt, aber das Erlebte klang in meinem angespannten Körper nach – bis eine Frage auftauchte: »Wir haben noch nicht viel über deinen Sohn gesprochen, was du bei seinem Tod gefühlt hast, was du seitdem fühlst, wenn du an ihn denkst. Möchtest du mit mir darüber sprechen?«
Die Antwort ließ nicht auf sich warten, und sie nahm nur einige Kilometer in Anspruch. Ich hörte aufmerksam zu, hielt den Blick voraus auf die Straße gerichtet, die Finger umschlossen das Lenkrad. Im Wesentlichen sagte sie dies:
»Ich hatte nie das Gefühl, dass mein Sohn tot ist. Ich fühle mich nicht von ihm getrennt. So wenig getrennt, dass ich nicht an ihn denken kann, nicht einmal wenn ich mich anstrenge, weder heute noch als es passierte. Schau, in der Stille fühle ich mich als Alles. In diesem Alles ist mein Sohn genauso wie alles andere. Vor diesem Umbruch vor sechs Jahren habe ich mich durchaus von ihm getrennt gefühlt, nämlich immer, wenn er nicht da war. Aber seitdem ist alle Trennung verschwunden, tot oder lebendig. Ich fühle ihn, wie ich Yolande fühle, in diesem Alles, das ich bin.« Und zum Abschluss, so schlicht: »Für mich gibt es keinen Tod.«
Mir fielen keine weiteren Fragen ein.

Diese Antwort ging über meinen Verstand, sie ging über jegliches Begreifen hinaus. Allerdings ließ sie in mir eine Ahnung wach werden, ein etwas abwegiges Gefühl, gegen das sich mein Verstand wehrte, das mich aber jedes Mal wieder packte, wenn ein Freund, ein Verwandter starb: die Empfindung einer Präsenz, die manchmal auftauchte und die Farben, die Ausstrahlung des Menschen hatte, den ich liebte und der jetzt tot sein sollte. Eine Präsenz, die, wenn ich es recht bedenke, durchaus mit der von Eltern und über die Welt verstreuten Freunden vergleichbar war, denen ich mich so innig verbunden fühle wie »meinem Verschollenen«.
Eigentlich blieb mir das alles schleierhaft. Trotzdem löste sich die Angst in mir.
Ich hatte keine weiteren Fragen.

»CANCANS DU SILENCE« – GESCHNATTER DER STILLE

Unser Plan zu arbeiten fiel wieder einmal ins Wasser. Den Freuden, die uns la Colombière bot, vermochten wir nicht zu widerstehen. Man muss auch sagen, dass der kleine verschworene Haufen alles daransetzte, unsere Abreisebereitschaft zu untergraben. Alle Argumente, alle Überredungskünste wurden ausgespielt, und besonders überzeugend waren diese ersten wunderbaren Stunden, die wir miteinander verbracht hatten. Yolande hatte mich fragend angesehen, mich, die sie als so ernsthaft kannte. Wir kamen überein, alles der Intensität des Augenblicks zu überlassen.

Nichts also mit Annecy, dem Mikro, den weiteren Notizen. Auf die lange Bank geschoben war unser Buch, wie es schien. Es sei denn, flüsterte eine Stimme, der ich, wenn auch argwöhnisch, ein Ohr lieh, es sei denn, das Buch sei eben dabei, sich in diesem methodischen Chaos selbst zu schreiben.

In diesem Schlaraffenland hier gestalteten sich die Tage nämlich selbsttätig ohne Ordnung und ohne Vorhaben nach einem erstaunlichen Einklang der Stimmungslagen, nach Sonnenschein oder Regen, nach Vorschlägen des einen oder anderen, denen man folgte, wenn einem gerade danach war. Wir bildeten zusammen das Orchester. Bei den Mahlzeiten oder wenn ein Ausflug vorgeschlagen wurde oder überraschend Stille einkehrte, vereinten uns übereinstimmende Impulse im Schweigen oder Lachen. Zwischendurch kamen Solo-, Duo- oder Quartetteinlagen – jemand sang und riss uns mit, eine andere mit etwas Vorgelesenem, ein Dritter massierte oder filmte, während eine Vierte Händel, Satie und Norah Jones in unsere Mitte bat oder die Verrücktheiten der Welt mimisch darbot, bis wir uns vor Lachen die Seiten halten mussten.

Auf der gastronomischen Seite, die uns erkennbar alle interessierte, stellte sich bald heraus, dass Yolande nicht ihresgleichen hatte, wenn es um Resteverwertung ging: Sie vermochte aus diesem und jenem, was der Kühlschrank noch so hergab, ein Festessen zu zaubern. Auf unsere staunende Begeisterung hin erklärte sie: »Ich komme aus einer armen Familie. Mein Vater war Maurer, und wir waren acht Kinder. Meine Mutter hat uns sehr früh beigebracht, aus nichts was Leckeres zu machen.« Mit dem Nichts gingen in diesen doch weniger rauen Zeiten allerdings Champagner und Burgunder einher und an zartestem Fleisch und mürbstem Käse fehlte es auch nicht.

Für alle, die Spiritualität mit Askese verwechseln, ist Yolande eine hohe Herausforderung. »Alles ist Traum, also lassen wir es uns doch gutgehen«, schlug sie zur Aufnahme in die Satzung unseres Vereins vor, dessen Gründung wir eines besonders ausgelassenen Abends ausheckten. Neben unserer Freundin Do, die das Reich der Kindheit nie verlassen hat, erwies sich Yolande als tonangebend – und trug sie nicht ein Medaillon um den Hals, auf dem »Carpe diem« stand?

An diesem Abend unter den Sternen und in zunehmendem, durch den Schwips und das Heilige bedingtem Überschwang kamen von allen Seiten die Leitprinzipien der dann auf den Namen »Cancans du Silence« getauften Vereinigung zusammen. »Lieben, was ist«, lautete der Vereinszweck, den wohl keine Behörde gutheißen würde. Artikel 1: »Das Leben sorgt für uns.« Artikel 2: »Das Eine schließt das andere nicht aus.« Anders gesagt: Die Eine Wirklichkeit zu leben soll niemanden hindern, den Traum des manifestierten Daseins in all seiner Vielfalt zu erleben, ganz im Gegenteil. Artikel 3: »Der Verein wird aufgelöst, sobald er ins Leben gerufen ist (schlug eine vor, die allen Strukturen abhold ist); sobald er aufgelöst ist, konstituiert er sich neu (hielt ein eher optimistisches Gemüt dagegen); wie das manifestierte Bewusstsein« (schloss

Yolande). Artikel 4 entfuhr mir als ein Ausruf aus tiefstem Herzen: »Der unerreichbare Stern ist schon erreicht!« Artikel 5: »Die Vereinsmitglieder teilen untereinander die eine Sache, die sie gemeinsam haben: Liebe.« Zum Abschluss, nach einem langen Schweigen, in dem wir den Sternen und den Fröschen lauschten, seufzte Yolande: »Der große Orgasmus!« Niemand hatte Einwände.

Was sich da im Laufe der Tage äußerlich als epikureisches Dolcefarniente abzuzeichnen schien – Pfifferlingsuche und Siesta und dann wieder Kellereibesuch –, war von einer außerordentlichen Harmonie zwischen allen Beteiligten getragen, von einer Intensität, die keine Worte brauchte, von einer nicht benennbaren innigen Nähe, die uns dort unter dem Mond immer wieder verstohlene oder vertraute Blicke wechseln ließ.

An diesem frühen Nachmittag also – das Geschirr ist abgespült, der Kaffee getrunken – Sonnenbad auf der Terrasse. Nach der Wonne des Essens findet ein Konzert statt, gemischtes Programm aus Chopin und Meisen und Fröschen, ein Gesang, der in Wellen über uns hinstreicht wie auch der Duft von Lindenblüten und frischem Heu … und Stille. Fünf von uns liegen regungslos in ihren Liegestühlen oder auf Matten am Boden, ein sechster umrundet uns gerade mit der Kamera. Ich spüre, wie sich in Beinen, Bauch und Magen, die sich so verspannt und zugeschnürt angefühlt haben, so etwas wie ein Fließen anbahnt. Von dem sich aufschwingenden Prélude getragen, schlägt eine Woge von wehmütigem Verlangen bis an meine Lider. Mir stehen Tränen in den Augen. Ist es die Schönheit des Augenblicks, die warme, duftschwere Luft, Chopin von Ciccolinis Händen? Sind es die geschwisterlichen Atemzüge ringsum? Oder ist es Yolande, unauffällig agie-

rend, die in den Herzen aller und eben jetzt in meinem ganzen Körper dieses Sehnen weckt?
»Es ist im Körper«, hat mich Do vorhin wissen lassen. Da im Körper fügen sich, unbegreiflich und nicht vom Verstand zu vereinnahmen, die stummen Aktionen unserer Freundin zum Reigen ... diese heilende Stille.

»Es ist so einfach«, hat Yolande am Morgen noch einmal betont. »Es genügt, wenn ihr euch sein lasst, was ihr schon immer und für immer seid. Was ihr vor der Identifizierung eurer selbst als Person seid. Sein, was wir sind, ganz, ganz einfach.«
Unser Fotograf verzog das Gesicht. Was hatte er davon, intellektuell zu verstehen, dass er nicht diese Person, sondern, na klar, das große Ganze war, das die Person hervorbringt? Es war einfach nicht seine Erfahrung! Dann war es außerdem nach wie vor so, dass er sich nach jedem Erlebnis der Stille, dieser ekstatischen Fülle, wieder in diese Person eingesperrt fand, die er trotz flüchtiger anderer Zustände weiterhin Tag für Tag war – mitsamt ihren belastenden oder enttäuschenden Beziehungen, ihren erstickenden Ängsten, ihren Problemen, die es zu lösen galt.
Trotzig und verzweifelt – wie viel Schönheit lag in diesem Eingeständnis, dieser Aufrichtigkeit und Nacktheit! Ich hörte ihn mit allem, was ich war, und war berührt von seiner Geschichte ... aber sie griff nicht auf mich über.
»Das Eine schließt das andere nicht aus«, wiederholte Yolande. »Die höchste Wirklichkeit schließt das Erscheinen der Manifestation mit ihren Beunruhigungen, Wechselfällen und Sachzwängen nicht aus. Du kannst dich davon einfangen lassen und vergessen, wer du wirklich bist, aber immer wenn die Stille wiederkommt, immer wenn du dich an deinen wahren Ursprung erinnerst, kehrst du zu diesem Offenkundigen zu-

rück, zu dem Frieden, der allem vorausgeht. Dann gibt die Falle dich frei.«
Der Skeptiker blieb bei seiner Haltung, ein Gefangener des Bildes, das er von sich selbst hat, das jeder von sich hat. Wie ich ihn verstand! Oh, ich kannte sie, diese Anstrengungen des Schiffbrüchigen, der gegen das Ertrinken ankämpft, sich an Überreste seiner Nussschale klammert, dieser Nussschale seiner Person, der das Heil versprochen ist, nur eben … ohne sie! In diesem Augenblick war er mein Bruder, unser ironischer Kamerad. Ich bejahte ihn von ganzem Herzen, einem wieder in die Stille zurückgekehrten Herzen. Ich nahm ihn auf, wie man Musik aufnimmt, ohne einen Standpunkt. Seine Musik war schön. Ich hatte nicht den Impuls, ihm Beistand zu leisten, dafür waren Yo und die Stille da. In dieser kraftvollen Neutralität, in die ich eingesunken war, nahm ich die Hilflosigkeit, die Hoffnung, den Zweifel wahr wie die Töne einer Sonate, deren Harmonie mich zutiefst berührt. So, wie mich die Stille zwischen dem Gesprochenen berührte, die von Yolande bewahrte Stille.
Ich lauschte. Mit dem ganzen Körper lauschte ich und wurde ein Resonanzkörper wie am Vorabend bei improvisierten Gesängen, die Christophe mit inspirierter Hand leitete. Mit diesem vibrierend lebendigen Körper, der in mir wohnt, nahm ich Wörter, Gesten, Haltungen und Gesichtsausdrücke auf und zugleich den Gesang der Vögel, die Luft auf meiner Haut, die weiche Unterlage. Von diesem bebenden Ort meiner selbst aus, tastbar und zugleich subtil – einem Ort, den elf Jahre meines Flirts mit der Yogamatte mir vertraut gemacht hatten – nahm ich den Augenblick in seiner Gesamtheit auf.
Keine Meinungen an diesem Ort, kein Urteilen, kein Wissen, kein Erinnern. Keinerlei Impuls, Schlüsse zu ziehen. Stattdessen unerschütterliche Ruhe und eine solche Freude und Wonne, dass der Eindruck der Vollkommenheit von allem nicht

abzuweisen war. Einschließlich der Vollkommenheit meines Unvermögens und offenbar auch Yolandes Unvermögens, unserem Freund zu helfen. Es gab nichts zu sagen oder zu tun oder zu ändern und nichts zu denken. Nur ihn zu umfangen. Und das geschah von selbst.

»Auf die Stille vertrauen, die alles ist«, sagte Yolande dann. »Auf diese Stille, die weiß.«

Ich konnte mir nicht verkneifen, etwas hinzuzufügen: »Und wenn dieses Vertrauen nicht da ist … das sehen!«

»Man kann es auch so sagen«, räumte Yolande ein, bevor sie die Diskussion damit beendete, dass sie uns in Richtung Küche winkte, wo auf kleiner Flamme die Leckereien des Tages auf uns warteten.

Ich hatte eine gewisse Zurückhaltung an ihr bemerkt, wusste sie aber nicht zu deuten.

Es sollte nicht lange dauern, bis ich Aufschluss bekam.

TRAU DICH!

Es ist unsere letzte Nacht in la Columbière. Nach und nach ziehen sich alle in ihre Zimmer zurück, und als sich Yolande in unserem gemeinsamen Zimmer zu mir gesellt, kommt das Haus langsam zur Ruhe. Hellwach neben mir im Doppelbett, wendet sie sich mir zu und fragt, was mich bei meiner Rückkehr ins »wirkliche Leben«, wie ich es mit Schaudern nenne, erwartet.

Ihre Wissbegier zu nächtlicher Stunde verwundert mich, aber ich versuche sie trotzdem zu befriedigen. Bei meinen Antworten auf ihre immer weiter zugespitzten Fragen überkommt mich eine große Müdigkeit. Vergeblich stelle ich ihr, wie mir selbst, die Dinge im allerbesten Licht dar. Wie er auf mir lastet, dieser ganze Wust von Krempel, aus dem mein Dasein besteht! Nicht schlechter als andere, dieses Leben. Im Gegenteil, seit einigen Jahren genieße ich eine Freiheit, die wenigen nur gewährt ist – die drei Luxusgüter Zeit, Raum und Stille und ringsum herrliche Landschaften. Sicher, das Geld geht langsam aus, und die durch die Gunst der Umstände zur Zikade gewordene Ameise fragt sich angesichts des nahenden Winters, ob diese Gunst sie nicht das Leben kosten wird. Dann habe ich aber noch die Liebe an der Seite eines wahren Weggefährten und die glitzernden Kieselsteine des kleinen Däumlings, als die ich meine Freunde in allen vier Winden sehe.

Wie läppisch, meine Bemühungen, den Belanglosigkeiten meines Lebens Sinn zu verleihen, Kürbisse in goldene Kutschen und Auslegeware in fliegende Teppiche umzudichten. Ich fühle mich auf einmal so müde, todmüde. Und diese Mattigkeit ist mir nicht neu, mein Leben lang versuche ich sie zu überspielen, und gerade eben kommt es mir vor, als dauerte sie an, seit die Welt besteht. Yolande erzähle ich nicht viel zu

dieser nächtlichen Stunde, im Scheinwerferlicht der so untypisch hartnäckigen Fragen meiner Freundin.
Ich teile meine Seelenzustände nicht mit, ich wische sie weg: »Ich kann sowieso nicht schlafen, ich gehe nach unten, eine rauchen.«
»Gute Idee«, stimmt Yolande putzmunter zu.

Es ist nach Mitternacht. Das Haus schläft. Wir sind draußen unter den Sternen in den Anblick der Glut unserer Zigaretten versunken und plaudern dabei über dies und das. Leichtes Geplänkel, das mich ruhiger werden lässt. Ich bin froh, dass ich nicht alles gesagt habe. Nur meine Zellen scheinen von einer Gefahr zu wissen, die ich zunächst nur geahnt habe, die mich nur berührt hat und weitergezogen ist, ohne mich zu Boden zu strecken.

»Du hast die Wahl«, wirft Yolande auf einmal ein, als ich eben ein wenig lockerer werde. »Du kannst weiterhin Probleme abarbeiten, eins nach dem anderen, wie du es schon immer getan hast. Oder du löst das Problem jetzt sofort an seinem Ursprung.«
Das erinnert mich an etwas, aber ich bin zu müde, um die Verbindung zu ziehen. »Wie denn?«, frage ich unvorsichtigerweise.
Die Antwort kommt wie ein Faustschlag: »Die schließt mit der Person ab und dadurch zugleich mit dem Ursprung aller Probleme.«
Betäubtes Schweigen.
»Du weißt, was du bist, du weißt es!«, schiebt Yolande unerbittlich nach. »Du traust dich nur nicht. Trau dich zu sein, was du bist, trau dich!«
Ich habe Yolande noch nie taktlos erlebt. Aggressiv schon gar nicht. Fassungslos stecke ich die Schläge ein.

»Nein, das weiß ich nicht«, gebe ich leise und bedächtig zurück, wie um ein Raubtier zu beschwichtigen. »Intellektuell weiß ich es, bin sogar überzeugt. Ich habe zu viel gelesen, was die Ahnung meiner Kindheit bestätigte, ich habe zu viel Gespräche mit dir geführt, zu viele Augenblicke der Stille und Selbstvergessenheit erlebt, um noch ohne ernsthafte Zweifel an die Realität dieser von der Welt getrennten Person zu glauben, als die ich mich sehe. Aber das ist eben alles im Kopf. Es ist nicht wie bei dir eine anhaltende Erfahrung, die mir in Fleisch und Blut übergegangen ist.«

Yo lässt nicht locker: »Du weißt schon, du traust dich nur nicht.« Ihr Beharren verletzt mich. Worauf will sie nur hinaus? Woher diese Grausamkeit? Wozu mir eine Verantwortung und Schuld aufbürden, von der ich mich dann – mit meinem ohnehin schon bedrückenden Schraubstockgefühl um die Brust – nur unter größten Mühen wieder freimachen kann?

»Aber von mir hat es noch nicht ›Besitz ergriffen‹«, gebe ich zurück, da mir keine Argumente einfallen.

»Der einzige Unterschied zwischen dir und mir«, erwidert meine Freundin, die ich allmählich ein wenig zum Fürchten finde, »liegt darin, dass ich nicht zweifle. Diese Überzeugung ist so tief, dass ich nicht eine Sekunde lang vergessen könnte, was ich bin. Aber du hast diese Überzeugung auch, nur dass du dich manchmal noch in die Falle locken lässt. Du bist zutiefst überzeugt, dass du diese Stille bist, die immer da ist. Du weißt, was du bist. Spring halt!«

Ich weiß nicht, was jetzt stärker ist in mir, die Fassungslosigkeit oder das Aufbegehren.

Dann beginnt eine dritte Stimme zu raunen, die des Vertrauens. Was, wenn dieses Gespräch nicht so absurd, ungerecht und brutal wäre, wie es mir erscheint? Was, wenn Yo eben jetzt aus der Stille agierte, aus einer Logik, die über meinen Verstand geht?

Da ich nicht mehr weiß, wo ich bin, obsiegt schließlich diese Stimme, diese Richtung. Und da ich mich nicht zu einer Sicht der Dinge bekennen kann, die ich nicht teile, erkläre ich mit größter Sorgfalt meinen eigenen Standpunkt – als hoffte ich, dass sich eine jetzt noch nicht vorstellbare Brücke zwischen unseren beiden Standpunkten bilden würde.

»Wenn ich so genau, wie ich eben kann, zu beschreiben versuche, was sich abspielt«, leite ich umständlich meinen Vortrag ein, »würde ich sagen, dass zwei Arten von Erfahrung in mir im Widerstreit liegen. Es gibt Augenblicke, in denen die Stille die Oberhand gewinnt, und dann … und dann … nichts – keine Zeit, keine Wegmarkierungen mehr, niemand mehr da, der sich in Raum und Zeit verorten könnte, alles ist Raum, Stille. Ich achte nicht darauf, dass Laurence nicht mehr da ist, ich frage nicht einmal mehr danach. In solchen Augenblicken, da könntest du recht haben, weiß ich, ohne zu wissen, was ich bin. Aber dann geht die Stille, und die Person hat wieder die Oberhand. Sie sagt sogar: ›Ich habe eine fantastische Erfahrung gemacht‹, aber sie ist eben da, sie ist wieder da, und sie ist ich.«

»Aber was du bist, ist immer da, ob du die Stille empfindest oder nicht.«

»Ja, davon bin ich überzeugt – vom Verstand her. Aber wenn es um wahrhaftes Wissen geht … weiß ich es eben nicht, solange ich es nicht fühle!«

Puh, endlich Schweigen.

Sollte ich Yolande davon überzeugt haben, dass ein wirklich himmelweiter Unterschied besteht zwischen denen, die die Stille ein für alle Mal ereilt, und denen, die sie vielleicht manchmal mit dem Flügel streift? Ist das das Ende unserer Diskussion? In mir mischen sich Erleichterung und vage Enttäuschung.

Doch das hieße die »Schlagkraft« meiner Freundin zu unterschätzen – sofern es nicht die der Stille ist.

Leise fragt sie: »Du sagst, dass sich deine Person verflüchtigt, wenn du die Stille spürst, die immer da ist; und wenn du sie nicht mehr spürst, gewinnt die Person wieder die Oberhand – so weit richtig?«
»Ja, richtig.«
Ich glaube ein leichtes Zögern wahrzunehmen, einen schwebenden Moment vor den geflüsterten Worten, die mein Schicksal besiegeln:
»Was du spürst, egal was, gehört zum Manifestierten. Aber was du bist und was die Stille werden lässt, ist *davor*. Vor der gesamten Manifestation.«

Es trifft mich wie ein Donnerschlag. Noch vor den Worten und ihrer Bedeutung dieser Schock, der mich tödlich trifft. Ganz allein in der Nacht starre ich auf einen unsichtbaren Punkt vor mir. Yolande verblasst, gestern und morgen gelöscht, stehe ich allein in meiner Fassungslosigkeit da. Und ganz allmählich setzt sich nach dem Blitzschlag etwas ab.
Dann bin ich also blind gewesen. In all den Jahren der Suche, der ich nachging und die mir nachging, habe ich mich auf meine Sinne verlassen. Sie sind mein Kompass geworden, weil sie immer subtiler und so immer anziehender wurden. Nichts hatte es mir genützt zu wissen und intellektuell zu erkennen, dass der Gegenstand meiner Suche – wer ich bin – jenseits von allem ist, jenseits aller Begriffe und Wahrnehmungen. Irgendwie habe ich es doch immer wieder geschafft, mich auf diese armen Sinne zu stützen, die Yolande jetzt mit drei Sätzen erledigt hat. Dieser Einschlag, dieser grelle Blitz war nötig gewesen, um mir die Augen zu öffnen.

Yolande schweigt. Ich halte den Blick auf diesen Punkt gerichtet, der sich so hartnäckig in Unsichtbarkeit hüllt.
Und plötzlich ist es einfach, so einfach – sicher würde ich

lächeln, wenn ich nicht wie versteinert wäre. Vor meinen weit aufgerissenen Augen löst sich ein ganzes Leben auf, mein Leben. Ich erkenne nichts weiter als den Staub eines in sich zusammensinkenden illusorischen Bauwerks. Und es reißt meinen einzigen Halt mit sich.

Der Boden gibt unter meinen Füßen nach.
Ebenso mein Denken, mit dem ich Grenzen austesten konnte, und mein Empfinden, dieser treue Gefährte, der mir all die Jahre Lot und Boje und Leuchtfeuer war. Ohne dieses Leuchtfeuer, ohne diesen Halt bleibt mir keinerlei Markierung. Nichts. Nichts als dieser unsichtbare Punkt, auf den ich den Blick in der Nacht gerichtet halte.
Mich schwindelt.
Mit dem Schwindel kündigt sich eine Frage an. »Spring!«, hatte mich Yolande aufgefordert – wage es, diese tiefe Überzeugung zu erleben, die du hast, die du bist. Wenn kein Ausweg bleibt, wenn weder mein Kopf noch meine Sinne noch sonst irgendetwas von allergeringstem Nutzen ist, wenn ich es müde bin, so müde, mich mit einem Existenzproblem nach dem anderen herumzuschlagen, wenn ich derart in die Enge getrieben bin, dann bleibt nur noch … der Sprung ins Leere.
Doch plötzlich, an einen üblen Geschäftemacher erinnernd, stellt sich der innere Argumentierer ein, der gegen diesen unsichtbaren Punkt vorgeht, der mich einzuwickeln versucht.
Da stehe ich am Rand der Leere. Springen? Nicht springen? Antworte ich mit Ja auf die Aufforderung, bejahe ich das Wagnis, zu sein, was ich bin und nicht weiß? Oder kehre ich in die tröstliche Verklammerung mit meiner kleinen Person zurück, dieses verzweifelte und in die Verzweiflung treibende, aber eben auch beruhigend vertraute Haften?
Yolande schweigt. Vor mir der unsichtbare Punkt und meine

Hand, die sich zum Himmel öffnet, wie um etwas darzubringen, von dem ich noch nichts weiß.
Dann ist das Ja auf einmal da. Das Ja zum Wagnis, zum Unbekannten, zu dem ich – Yolande hat recht – im Grunde tiefes Zutrauen habe. Das Nichtwissen wagen, ohne mich wieder an etwas zu hängen, vor allem an nichts, wovon ich sicher weiß, dass ich es nicht bin – dieser Körper, diese Psyche, diese Sinne, dieses in der weiten Welt verlorene Sandkörnchen namens Laurence.
Wagen, mich von Laurence zu lösen. Hat dieser Satz irgendeinen Sinn? Für meinen Kopf wohl nicht. Deswegen schwindelt mich. Und deshalb empfing mich beim Sprung nichts als die Leere, eine Leere, die nicht aufhört, ein Raum, in dem ich zu meinem Erstaunen auf keinen Boden und keine Wand treffe – auf nichts, was mich hätte aufnehmen oder wogegen ich hätte prallen können.
Ich sehe nichts, ich fühle nichts, ich falle einfach immer weiter in diesen raumlosen Raum. Es ist plötzlich alles so ruhig, so leer, dass sich die alltäglichen Gebärden wieder einfinden. Ich zünde mir eine Zigarette an, bemerke den herben Geschmack. Ich stehe auf und sage: »Es ist kühl.«

Ganz schnell und ohne abschließende Worte kehren wir in unser Doppelbett zurück. Yolande hat kaum das Licht ausgemacht, und ich habe mich kaum dem energetischen Tumult überlassen, der mir durch den ganzen Körper zuckt, als sie es auch schon wieder anknipst. »Da fällt mir noch was ein«, sagt sie. »Erinnerst du dich an das, was Nisargadatta Maharaj immer wieder zu seinen Besuchern gesagt hat, all den Suchern, wie du eine bist? ›Hört auf zu suchen. Lasst euch finden.‹ Aber es gibt nicht einmal ein Sich-finden-Lassen – es ist schon da. Es ist da, verstehst du?«
So tief in der Nacht, so tief in der Leere taumelnd, verstehe ich

gar nichts mehr. Ich bin mit allem einverstanden, warum nicht? Ich lasse mich von allem tränken, aber erhoffe mir davon weder Sinn noch Orientierung. Das Licht ist aus, und mit geschlossenen Lidern überlasse ich mich staunend einem Feuerwerk verstörender Bilder und lustvoller Empfindungen, die mir durch Kopf und Körper rieseln, bis ich einschlafe – Ende offen.

DIE GESCHICHTE VOM SCHUHKARTON

»Spirituelle Sucher warten darauf, ›ergriffen‹ zu werden«, sagt Yolande, während wir in Richtung Annecy rollen, »aber nach dem, was gestern war, kommt es mir so vor, als handelte es sich eher um ein Auspacken: Diese tiefe Überzeugung, die Identifikation mit der Person, diese Fiktion, lässt dich los.«
Ich muss laut auflachen.

Überhaupt tue ich seit dem Aufwachen nichts anderes. Ständig vergesse ich, wo ich meine Tasche, die Schlüssel, die Brille hingelegt habe. Ich taumele auf wackligen Beinen und remple an Möbel und lache mit himmelwärts verdrehten Augen.
Yolande sitzt am Steuer, das ist angesichts meines Zustands sicher besser. Ich blicke aus dem Fenster, aber nicht so sehr auf die vorbeiziehende Landschaft, sondern eher in die Wolken. Würde man mich eben jetzt fragen, zu welcher Familie ich gehöre, würde mir nicht als Erstes meine Zugehörigkeit zur Menschheit einfallen; ich würde mich spontan Baudelaire anschließen und mich ohne Zögern zur Schwester der ziehenden Wolken erklären … diese wunderbaren Wolken.[3]

Seit Stunden stiftet mich diese Weite in mir zum Lachen an. Das perlt und prickelt im ganzen Körper, als freuten sich all seine unzähligen Zellen, Atome und Elektronen mit mir. Das macht auch Umstände, dieses Unbestimmte in meinen Be-

3 »Der Fremde« in: Der Spleen von Paris.

wegungen, in meinem Körper, im Raum, wobei Körper und Boden nicht mehr gar so fest sind – diese Unschärfe bringt mich aus dem Gleichgewicht und die Reihenfolge der Wörter im Satz durcheinander.
Dieses unbestimmt Fließende ist Ausdruck eines Segens. Staunend erfahre ich ihn wie die Rückreise ins Leben nach einem langen Koma, aus dem ich leicht und leicht daneben zu mir zurückfinde.

Ich fühle mich etwas wie aus Watte in diesem Raum, aus dem mir Ideen oder beschwingte und erhabene Bilder kommen; und alles ist gleich im nächsten Moment wieder weg und lässt mich in meiner stillen Dankbarkeit. Wie hatte ich mir ein Leben lang einbilden können, Laurence hätte das Vermögen zu »sehen«? Zu sehen, was sie sieht, was sie sich vorstellt, was sie denkt, die Welt jenseits der Welt: Dazu braucht man einen weiteren Blick, ein Sehen, das der Person vorausgeht, um alles wahrzunehmen, was das Ich wahrnimmt – einschließlich des wahrnehmenden Ichs. So zumindest kommt es mir vor.
Dieses Sehen, dieses höchste Wahrnehmen – ist es das, was ich bin? Ich habe nicht die geringste Ahnung. Ich weiß eigentlich nur, was ich seit meinem Aufwachen mit zunehmendem Erstaunen feststelle, nämlich dass ich nicht Laurence bin. Ich bin weder ihr Körper noch ihre Sinne, noch ihre Gefühle, noch ihre Gedanken. Ich bin »etwas«, das Laurence und alles andere sieht. Etwas, das immer sieht, ob ich die Augen offen habe oder nicht. Und das unerklärliche Wiedersehen mit dem Etwas, das ich bin, gibt mir ein Gefühl von Raum, unermesslichem Raum.

Ein altbekanntes Bild taucht auf, das mich gerade laut auflachen lässt, bis ich einen Schluckauf bekomme, so dass ich

Yolande sofort davon erzähle: »Ich habe mich früher immer für einen Schuhkarton gehalten. Ich bekam keine Luft in dieser Schachtel, ich bin immer angestoßen, ich habe geheult, ich war auf das Allergrößte aus und konnte doch nie glauben, dass es mir zusteht. Und alles, was ich an Größerem und Weiterem finden konnte – neue Länder, neue Lieben –, war doch noch innerhalb dieses Kartons. Und jetzt bin ich draußen. Jetzt bin ich der weite Himmel, der unermessliche Raum, der übrigens auch den Karton füllt. Jetzt verstehe ich endlich meinen Luftmangel, meine verzweifelten Ausbruchsversuche aus diesem blöden Schuhkarton, der ich nicht bin, der ich nie war. Ich war und bin Raum, fertig!« Ich bekomme einen weiteren Lachanfall und klatsche unter Yolandes belustigten Blicken wie ein Kind in die Hände.

Wie recht sie hat – es ist so einfach! Kinderleicht. Vor langer Zeit habe ich einmal Marktfrau gespielt. Sehr bald und so schnell, dass ich es nicht kommen sah, hat mich die Rolle ganz vereinnahmt. Da wusste ich nicht mehr, dass es Spiel war, und hielt mich wirklich für die Marktfrau. Heute kehre ich zu mir zurück. Und ich klatsche in die Hände wie das fröhliche Kind, aber ledig aller Rollen und Spiele und all der mit ihnen einhergehenden Sorgen. Zu sich selbst zurückkehren, so einfach …

Später, gegen Ende unserer Fahrt, wird meine Freundin noch mahnend zu bedenken geben: »Es wird immer wieder vorkommen, dass die Manifestation dich wieder einfängt. Das ist normal. Sobald du das merkst, geh so schnell du kannst in diese tiefe Gewissheit zurück. Überlass es ihr.«

In dieser Fülle, in der ich bin, höre ich sie kaum.

Und weiter: »Wenn du dich dieser tiefen Gewissheit überlässt, kann alles sehr schnell gehen – Erkenntnisse zuhauf und so viel Klarheit …«

Für solche Versprechen habe ich im Moment keine Verwendung, so überwältigend ist das Gefühl von Raum und Weite in mir. Aber sie werden in den kommenden Wochen an manchen Tagen meine Wegzehrung und Notration sein.

EIN HAUS SO GROSS WIE DIE WELT

»Geh in diese tiefe Gewissheit zurück.«
Dieser Satz, der mir Dutzende Male jeden Tag einfällt, ist weder Rat noch Anweisung. Er ist Ausdruck meines eigenen brennenden Verlangens, nur aus dem Mund einer anderen. Immer wenn der Satz diesseits der Worte in mir widerhallt, kommt eine so unwiderstehliche Mattigkeit über mich, dass ich mich aus allem Tun und jedem Kontakt zurückziehen und mich dem ganz überlassen muss. Jedes Mal nimmt mich ein Raum der Stille, des Friedens, der unermesslichen Weite und der Freude auf. Ein paar Sekunden genügen, man braucht da keine Ewigkeit zu bleiben. Ein paar Sekunden, und ich bin »aufgetankt« für die weiteren Stunden meines Kommens und Gehens in der Welt.
Und je mehr ich von diesem Raum erlebe, desto mehr möchte ich. Je mehr ich seinem Ruf folge, desto dringlicher wird er und desto durstlöschender die Quelle, so dass ich schnell, schnell zu ihr zurückkehre. Eine Quelle, die meinen Durst stillt, die mich erfüllt wie nichts anderes je zuvor. Die rätselhaften Worte des Evangeliums klären sich: »Wer aber von dem Wasser trinken wird, das ich ihm gebe, den wird ewiglich nicht dürsten« (Joh. 4,14). Fülle. Diese Quelle ist die Fülle. Die anhaltende Leere, die, wie es schien, einfach zum Menschsein gehörte, wird im Nu gefüllt und jeden Augenblick wieder!
»Geh in diese tiefe Überzeugung, diese Stille, die Unermesslichkeit, die du bist« – immer wenn ich es tue, steigt ein Lächeln in mir auf, das erleichterte Lächeln des Wanderers, wenn er endlich nach Hause zurückfindet.
Ein Haus so groß wie die Welt, größer sogar als die Welt, weil es vor ihr da ist. Ein Haus, in dem die Mauern wogen und der

Boden wogt und alles in ihm Lebende sich kräuselt, und es scheint darauf anzukommen, mich auf dieses Fehlen von Fixpunkten einzulassen. Dieses Zuhause braucht keinen der heimeligen Züge des Schuhkartons, weil es alle Bilder, alle Bezüge, alles Erkennen hinter sich lässt. Und trotzdem – oder deswegen – ist es mir der Inbegriff der vollkommenen Geborgenheit.

Solange ich mich dort aufhalte und die Strahlen auf mich übergreifen lasse, bei der Arbeit wie in der Beziehung, in allen meinen Gesten und Entscheidungen, in meinen Worten und Gedanken, erscheint mir das tägliche Leben fröhlich und einfach. Schlimme Neuigkeiten, schlimm aus Laurences Sicht, werden mit einer gewissen Beklommenheit, aber auch Zuversicht angenommen. Als könnte alles aus diesem Schuhkarton, für den ich mich gehalten habe, der ich aber nicht bin, nur noch willkommen sein. Willkommen, weil nützlich, und wenn schon nicht für die Schachtel namens Laurence, dann, so glaube ich zuversichtlich, für das, was ich bin und was für mich weiß, selbst wenn ich selbst nicht weiß.

An jeder Weggabelung, bei jeder Entscheidung, immer wenn ich Antworten auf Fragen zu geben habe, in Anspruch genommen werde oder Erwartungen erfüllen soll, läuft das Gleiche ab: Laurence hat ihre eigenen Vorstellungen, sie möchte ein Schlaukopf sein und unter dieser oder jener Tarnung ihre Interessen wahren. Dann jedoch setzt sich etwas anderes in mir durch, dieses »Fiat!«, dieses »Es werde!« des ersten Abends beim Sprung in die Leere. Und die Antwort, die dann kommt, die Entscheidung, die von diesem Unbekannten in mir ausgeht, hat nichts, aber wirklich gar nichts mit den Reaktionen von vorher zu tun. Jedes Mal verfolge ich das, was sich da sagt und tut, mit freudigem Staunen. Jedes Mal nämlich übertrifft die Treffsicherheit dessen, was sich da

auf seinem Weg durch mich hindurch abspielt und löst, alle Erwartungen, die zudem immer weniger werden, so stark ist der Abdruck des Augenblicks geworden, so schwach die Fiktion eines Gestern oder Morgen.
Acht Tage nach meiner Rückkehr von diesem Ausflug in den Morvan ruft mein Gefährte begeistert: »Das ist ja allerhand. Jetzt beobachte ich dich eine Woche, und ... du machst einfach alles ganz anders! Was dich für Stunden oder Tage fix und fertig gemacht hat, ist jetzt nach ein paar Minuten wieder weg. Kaum zu glauben! Du hast etwas so Fließendes bekommen.«

Aber die Wochen vergehen. Die Anforderungen nahmen zu, sie sind anspruchsvoll, teils widersprüchlich und manchmal angstbesetzt. Immer häufiger und für immer längere Zeit packen sie mich, und wenn es dann Schlafenszeit ist, kann ich ihnen gerade noch einen Augenblick abknapsen, um mich »in diese tiefe Gewissheit zu versetzen« – aber jedes zweite Mal, dann in drei von vier Fällen bleibt mir die Tür des Hauses verschlossen.
Mein Haus, das so groß ist wie die Welt, diese Quelle, die ich bin und an der ich meinen Durst stille, ist oftmals einfach nur noch Erinnerung. Der Schuhkarton saugt mich in sich zurück. Der Deckel hat sich noch nicht ganz wieder geschlossen. Manchmal genügt ein Blick in den Himmel, und schon erfüllt mich wieder die Weite. Doch das Wunder der Rückkehr zu mir nach Hause wird seltener. Alltagssituationen entwickeln sich zu Problemen, wie es früher war. Da ist wieder dieses Erstickungsgefühl. Und ich nehme es mir übel, dass ich den Zugang zu der Stille, die ich bin, verloren habe.

»Es wird immer wieder vorkommen, dass die Manifestation dich wieder einfängt. Das ist normal.« Wie ich mich an diese

Worte meiner Freundin klammere! Wie dringend ich sie wieder hören müsste!
»Sobald du das merkst, geh so schnell du kannst in diese tiefe Gewissheit zurück. Überlass es ihr.« Auch das ist Balsam für meine Wunden, für diese quälende Enttäuschung, die mich in die Tiefe reißen möchte. In dem Maße, wie das Gefühl zu existieren wieder an Boden gewinnt, beherrschen mich erneut die Impulse der Person Laurence, während die Gewissheit des Seins zerfällt. Die Illusion nimmt den Dienst wieder auf. Die Illusion: dieses immer häufiger werdende Kleben an meiner zweiten Natur, der Person, während die erste vergessen wird.

NACHWORT

Ich schreibe. Ich lese noch einmal. Es eilt! Der Lektor wartet, wir haben ihm das Manuskript bis zu den Ferien versprochen. Wir haben den 8. Juli, noch sechs Tage bis zum Nationalfeiertag.

Gestern habe ich Yolande angerufen. Es liegt eher an mir als an ihr, dass wir keine Termine für die letzten Gespräche ausgemacht haben, die meiner Meinung nach für die Fertigstellung des Buchs unbedingt nötig sind. Allem Anschein nach pfeift sie darauf. Termingerecht? Verspätet? Fertig oder unfertig? Auf jeden Fall genau richtig, sagt sie. Ihre Gelassenheit nötigt mir ein Lächeln ab.

Beim Abnehmen hatte sie dieses Fließende in der Stimme, das ich von ihr kenne, wenn die Stille von ihr Besitz ergriffen hat. »Den ganzen Tag heute«, bestätigte sie mir. »Stundenlang habe ich dagelegen in diesen immer stärker werdenden göttlichen Orgasmen, Wellen von Ekstasen, wie ich sie so stark noch nie erlebt habe. Jetzt, wo ich aufgestanden bin, um ans Telefon zu gehen, können mich die Beine kaum tragen.«

Wie ich sie in dem Moment beneidet habe, Yolande und ihre ekstatische Stille! Ich, die ich mich mit großer Mühe am Rand der Entmutigung halte. Sie sagte nichts, als ich ihr meine Verstörung gestand.

8. Juli. Noch einmal durchlesen. Aber dieser Körper lehnt sich auf. Mir schwirrt der Kopf, im Bauch grummelt es – ich habe Hunger. Tag für Tag habe ich über meine Papiere gebeugt dagesessen, und jetzt sind Kammer und Kühlschrank leer. Also los, die Baustelle im Stich lassen und draußen nach Treibstoff suchen.

Zum Glück hat der Regen aufgehört, der hier die letzten beiden Tage gefallen ist. Mit Brot, Käse, Olivenöl und Zigaretten nehme ich die kleine Steigung zurück nach Hause. Links von mir der See und die Berge, vor mir der Himmel, der weite Himmel. Er ist blau bis auf ein paar Wölkchen, aber bevor ich mir Yolandes magischen Satz in Erinnerung rufen kann, atmet mich auf einmal der Himmel ein. Stille ergreift mich, diese tiefe Gewissheit. Da ist Laurence, sie steigt den Hang hinauf, ihr Blick hängt an den Wolken. Und da bin ich, die ihr zusieht, im Herzen ein Lächeln.

Dieses Herz weitet sich mir zu einem Seufzer. Der Schraubstock löst sich. Und auf einmal atme ich wieder. Ein paar Schritte noch in diesem regungslosen, pulsierenden Raum. Die Gnade der Stille.

Ich habe mein Zuhause wiedergefunden. In dieser Leichtigkeit gehe ich weiter. Und mir wird klar, dass ich am Beginn des Weges bin, ganz am Anfang. Eines Weges, der für mich ein Wechselspiel ist – zwischen den Beschränkungen des menschlichen Daseins und der lichten Weite des Himmels. Ich komme nach Hause. Morgen, vielleicht auch gleich, werde ich es wieder verloren haben. Oder es wird sich verändert haben, neu bei jedem Wiedersehen und doch unwandelbar. Ohne Orientierungspunkte werde ich mit der Stille als Führer weitergehen.

»Gleitet, Sterbliche, lastet nicht«[1], zitiert mir ein lieber Freund vom anderen Ende der Welt, der das ein wenig zu seiner Devise gemacht hat. »Lasst euch nicht stören, ich gehe nur vorbei«, flüstert mir ein anderer zu.

Begleitet von allen, die in der Präsenz vereint sind, gleite ich und gehe vorbei und berühre die Erde nur flüchtig. Vor allem nicht aufstützen. Nicht ins Gewicht fallen. Dieses Sandkorn,

1 Jean-Paul Sartre: *»Das Sein und das Nichts«, Philosophische Schriften,* Bd. 3, Reinbek 1993

das ich bin, ist so unbedeutend. Der weite Himmel, der ich ebenfalls bin, hat kein Gewicht. Wozu dann ihnen Gewicht andichten?
Gleiten, vorbeigehen, verherrlichen, sonst habe ich hier nichts zu tun. Gleiten wie die ziehenden Wolken, dort drüben, »sieh nur diese herrlichen Wolken«!

FREIHEIT!

SMS von Yolande nach der Lektüre der letzten Seiten:

> Unsere einzige Freiheit liegt darin, uns als Aufgerichtetheit zu erkennen, als vollendete Balance.[2]
>
> Mein einziger Bezugspunkt ist die Stille.
>
> In Liebe, danke

2 Aus Jean Klein: *L'Insondable Silence,* Paris: Les Deux Océans, 1986